이것이
진정한
서비스다

이경숙 지음

이것이 진정한 서비스다

초판 1쇄 발행 2020년 3월 3일

지 은 이 이경숙
발 행 인 권선복
편   집 오동희
디 자 인 서보미
전 자 책 서보미
발 행 처 도서출판 행복에너지
출판등록 제315-2011-000035호
주   소 (07679) 서울특별시 강서구 화곡로 232
전   화 0505-613-6133
팩   스 0303-0799-1560
홈페이지 www.happybook.or.kr
이 메 일 ksbdata@daum.net

값 20,000원
ISBN 979-11-5602-788-1   13190

여객 운송 서비스업의 모든 것

이것이 진정한 서비스다

이경숙 지음

승무사원이
읽어야 할
필독서

버스, 택시를 운행하는 당신이 알아야 할 모든 것!

친절한 승무사원으로서의 자질을 키우기 위한 비법, 하나부터 열까지 가르쳐 드립니다!

도서출판 행복에너지

목 차

Part 01

이제 세상은
서비스 시대

어딜 가나 '서비스'라는 단어가 눈에 뜨인다. '최고의 서비스로 모시겠습니다.', '국내 유일무이한 서비스 시스템', '둘째가라면 서러워할 서비스 정신.' 이제 세상은 더 이상 1차적인 물질의 거래에만 중점을 두지 않는다. 거래를 넘어서 '사람의 마음을 두드리는' 정신적 만족의 추구가 사회를 관통하는 기조가 되었다. 불친절한 가게는 손님이 끊기고, 고객의 불만에 제대로 대응하지 못한 기업은 항의 세례를 받는다. 사람들이 서비스에 대해 가지는 의식 수준이 높아짐에 따라 더 나은 대접, 더 쾌적하고 산뜻한 대우를 받기 원하는 것은 이제 선호를 넘어서 어엿한 권리가 되어가고 있다.

이것이 진정한 서비스다

과거 가장 서비스가 필요 없다고 여겨지는, 열악한 대우에도 불구하고 그러려니 하고 참고 넘어갔던 산업 중 하나가 운송업이었다.

퉁명스러운 기사의 응대, 간혹 가다 겪는 막말, 돈을 넣기도 전에 출발하여 휘청했던 경험, 미터기가 100원 더 넘어가기를 기다려 거스름돈을 주는 택시 기사 등, 버스나 택시를 이용하면서 한두 번 정도 불편하거나 불편을 넘어서 불쾌했던 경험을 하지 않은 사람은 적지 않다.

예전에는 그것이 흠이 되지 않았다. 아니 흠이 되지 않았던 것이 아니라 흠이었어도 '어쩔 수 없지 뭐'하고 참고 넘어가곤 했다. 어차피 버스나 택시에 머무르는 시간은 길지 않고, 기사도 대부분 한 번 보면 잊어버릴 사람이다. 목적지까지 도달하기만 하면 됐지 구구절절이 "당신이 이러니까 고치시오" 하고 따지기에 사람들은 바빴고 그만큼 신경을 쓰기 껄끄러워 했다. "원래 기사들은 다 그래"라고 일반화하여도 딱히 대꾸할 말이 없을 만큼 무뚝뚝하고 불친절한 기사들이 많았다.

왜 "기사들은 원래 그래"라는 말이 통용되어야 할까? 어찌면 하루 종일 운전을 하는 직업이 피곤하고 감정을 무디게 할지도 모른다. 우리가 무뚝뚝한 얼굴로 탑승하는 모습을 매일 보아야 하는 기사도 지루하고 짜증이 날 수 있다. 기껏해야 기본요금을 내는 구간을 운행하는데 친절한 미소로 응답해 주기를 요구하면 항의를 할 택시기사도 있을 것이다.

그렇다면 기사들의 친절은 절대적으로 승객을 위해서만 필요한 일이고 거기에 기사의 감정은 고려되지 않는다는 것일까? 잠시, 몇 분에 불과한 시간이라도 버스나 택시를 이용하는 승객들이 편안함을 넘어 감동을 받는 일은 일어날 수 없는 것이고 필요하지 않은 것일까?

사람에겐 공감(empathy)이라는 기제가 있다. 영화를 볼 때 칼에 스치거나 주먹에 얻어맞는 사람을 보면 나도 아픈 것 같은 고통이 전해진다. 실제로 고통받는 사람의 사진을 보면 관찰자의 뇌에서도 고통과 관련된 반응이 일어나기도 한다. 내가 '아파야지' 하는 생각을 하기도 전에 '아프다' 하는 생각이 들어버리는 것이다.

원숭이들도 아파서 울고 있는 다른 원숭이의 소리에 불편

이것이 진정한 서비스다

한 감정을 느낀다. 하지만 그 대응이 이타적이지는 않아서, 다 같이 우르르 몰려가 소리를 내지 못하도록 우는 원숭이를 덮어버린다고 한다.

사람은 원숭이와 달라 우는 친구를 보면 다가가 위로해 주기도 하고 따뜻한 말을 건네기도 한다. 성수대교 참사 때, 많은 사람들이 피해자들을 위해서 도움의 손길을 주기 위해 찾아왔고, 함께 부둥켜안고 울며 그들을 위로하고 치유하기 위해 노력했다. 타인과 공감하고, 그들을 치료하면서 스스로 치료되는 마법 같은 효과를 가졌다.

이렇게 우리는 서로가 서로에게 건네는 친절을 통해 '상호 간의 힐링'을 경험한다. 즉 친절은 받는 사람에게만 행복함을 주지 않는다. 친절한 말씨와 프로페셔널한 태도는 베푸는 사람의 마음가짐마저도 정갈하게 가다듬게 하고, 상쾌하고 든든한 기분을 가지게 한다. 상호 간의 행복 지수가 높아지는 것이다. 짜증이 나고 힘들수록, 더욱 정결한 서비스와 웃음을 전하기로 마음먹으면 뇌의 파동이 달라진다. 어느새 진심으로 편안한 마음이 된다. 긍정적인 마인드로 변하게 됨은 물론이다.

친절은 거창한 것이 아니다. 우리는 아주 사소한 친절에 기분이 좋아진다. 피곤한 저녁, 지친 몸을 이끌고 지하철을 탔는데 울려 퍼지는 안내 방송의 한마디를 들은 경험이 있는가?

"승객 여러분, 오늘도 힘내시기 바랍니다. 파이팅입니다."

짧고 간단한 말이었지만 그런 말씀을 해주시는 기사님의 마음 씀씀이가 고마울 것이고, 뭉클한 감정이 솟아오를 것이다. 그 말이 졸리고 피곤한 몸에 어떤 육체적 변화를 준 것일까? 그럴지도 모른다. 그 순간 잠시나마 힘든 하루의 스트레스를 잊을 수 있고, '그래요 기사님, 기사님도 화이팅입니다.'하는 생각이 들 수 있다.

이런 경험은 버스에서도 종종 겪는다. 서두르지 않으면서도 묵직한 한마디로 "넘어지지 않게 손을 꼭 잡으시고, 천천히 내리시기 바랍니다."라고 승객들에게 전하는 아저씨를 보면 '저 기사 아저씨, 사람 괜찮네'라는 생각이 들기도 하고, "아이고 학생, 날씨가 많이 춥죠." 하면서 히터를 더 올려주시던 택시 기사님의 배려 섞인 말투에 감사함을 느낄 수도

이것이 진정한 서비스다

있다.

승객들은 기사에게 어떤 거한 서비스를 바라는 것이 아니다. 손님은 기사가 자신을 왕 대접하며 의무적으로 모셔야만 한다고 생각하지 않는다. 오히려 별 기대를 하지 않는 편이다. 그런 와중에 이러한 따스한 대접에 감동하고 깊은 인상을 받는다.

예전 한 TV 공익광고가 떠오른다. 아무리 기다려도 출발하지 않는 버스 기사를 불만스러운 눈으로 바라보던 승객들의 시선이, 도어를 향해 천천히 걸어오고 계신 할머니의 모습으로 향한다. 이내 승객들은 푸근한 미소를 짓게 된다. 그 짧은 장면에서 우리의 마음을 두드리는 강한 울림, 바쁘고 급박하게 돌아가는 삶 속에서 뭉클한 감동을 느끼게 하는 그 단순한 배려와 따뜻한 마음이 전하는 메시지의 파급력이 얼마나 큰가? 배려가 보편화되는 사회일수록 구성원의 의식은 높아지게 된다.

따뜻한 마음은 나눌 때 더욱 커진다. 우리가 원숭이와 다른 이유는 배려와 친절을 베풀 줄 알기 때문이다. 우리의 마음을 더 안락하게 하고 풍요롭게 하는 것이 무엇인지 알기 때문이다. 아픈 사람의 얼굴을 보고 고통을 느끼듯이 환한 미소를 보고 행복함을 느끼는 것이다.

사소한 친절이 쌓일수록 우리의 삶의 질은 높아진다. 어쩌면 우리가 그토록 '서비스'를 외치는 이유는 본능적으로 삶에 필요한 것이 무엇인지 인지하고 있기 때문이 아닐까. 바로 미소와 이해 말이다.

'서비스'는 '소확행'이다. 소확행이란 '작지만 확실한 행복(小確幸)'의 약자로, 갓 구운 빵을 손으로 찢어 먹을 때, 서랍 안에 반듯하게 정리되어 있는 속옷을 볼 때 느끼는 행복과 같이 바쁜 일상에서 느끼는 작은 즐거움을 뜻한다. 필수적인 것은 아니지만, 있을수록 좋고 나눌수록 커지는 마음. 그것이 친절한 서비스가 제공하는 커다란 선물이다.

이제 더 이상 서비스를 의무라고 생각하지 말자. 호흡처럼 자연스럽고 꼭 필요한 공기와도 같다고 생각하자. 기사와 승객 모두가 나누고 공유해야 할 의식이다. 서로 배려하고, 상대의 마음을 헤아리는 작은 의식이 큰 기쁨이 되어 우리의 하루를 밝게 한다.

이것이 진정한 서비스다

정리하자면 우리는 이제 서비스가 필수불가결한 사회에 살고 있으므로, 시대에 뒤처지지 않도록 열심히 배우고 시민으로서의 소양을 쌓아야 한다. 이는 그렇게 어려운 일이 아니다. 인간에 대한 존중만 있다면 누구나 가능한 일이다.

이 책은 그러한 생각이 많은 기사님들과 승객님들에게 전파되어 '서비스의 마음'을 풍족하게 나누는 일이 널리 퍼지기를 바라는 마음에서 집필되었다. 운전대를 잡는 기사님도, 문을 열고 탑승하는 손님들도 짧은 순간에 많은 미소를 안고 가기를 바란다. 우리의 삶을 더욱 풍요롭게 만드는 손길을 시작해 보도록 하자.

Part 02

어떤 것이
굿 서비스인가!
(Good Service)

이 장부터는 '기사'님들을 한층 높여 '승무사원'으로 지칭
해 부르기로 한다. 이름이 달라지면 마음가짐도 달라지는
법이다. 이제 본격적으로 승무사원의 '서비스 정신'에 관하
여 탐구해 보도록 하자. 보다 업그레이드된 승무사원의 자
질을 키워 자부심을 느껴보자!

승무사원은 좁은 공간에서 매시간 적절한 판단을 내려
야 하는 고독한 직업이자 항시 자신과 승객의 감정과 안전
에 신경을 쓰며 운전해야 하는 막중한 임무를 지닌 직업이
다. 지금 옮겨다주는 사람이 오늘 해야 할 일을 승무사원도

돕고 있는 것이다. 사람들을 신속하면서도 안전하게 목적지로 도착하게 하는 버스나 택시가 하루만 없어도 사회에 큰 혼란이 초래될 것은 자명하다. 자부심을 가지고 운행하도록 하자!

승무사원의 서비스 정신에 앞서 서비스는 과연 무엇인가에 관하여 간략하게 배워보자.

| 서비스의 기본적인 4가지 특성

서비스는 기본적으로 4가지의 특성을 가지고 있다.

즉 무형성, 이질성, 비분리성, 그리고 소멸성이 그것이다.

이들에 대하여 간단히 정리하면 다음과 같다.

(1) 무형성

서비스는 기본적으로 눈에 보이지 않기 때문에 무형성을 갖는다.

우리는 어떤 식으로든 서비스를 '만질 수 없다.' 이 때문에 서비스에 관련하여 다양한 문제점이 있을 수 있는데, 한 예로 가격설정의 기준이 모호하다는 것을 예로 들 수 있다.

손에 잡히지 않는 이 특성 때문에 서비스의 질을 평가함에 있어서도 다양한 견해차가 있을 수 있다.

(2) 이질성

서비스를 제공하는 제공자에 따라 서비스의 품질이 달라짐을 뜻한다. 즉 같은 서비스라 하더라도 A와 B가 제공하는 서비스의 품질이 천차만별로 갈라질 수 있다는 점이다.

똑같이 "안녕하세요." 하고 인사를 하더라도 눈웃음을 지으며 친절한 목소리로 맞이하는 사람과 눈을 맞추지 않고 무뚝뚝한 목소리로 인사하는 사람의 서비스는 다르다는 것과 같다.

(3) 비분리성

서비스는 생산과 동시에 소비된다. 유형적인 제품들은 생산되어 소비자에게 이르기까지 과정이 다양하지만, 서비스는 한 장소에서 일어나는 동시에 즉각적으로 소비자에게 소비된다. 눈빛, 표정, 제스처, 말투 등을 제공받은 손님의 감정은 즉각적으로 일어나므로 바로 만족과 불만족을 가릴 수 있다.

(4) 소멸성

서비스는 저장할 수 있는 성질의 것이 아니기 때문에 교환이나 환불이 될 수 없고 제공 즉시 사라진다. 한번 생산된 서비스는 소비되지 않으면 소멸되는 것이다.

서비스가 무엇인지, 어떻게 제공하는 것이 좋을지 판별하는 방법은 간단하다. 바로 당신이 지금 당장 가장 선호하는 서비스가 무엇일지 생각해 보는 것이다.

주로 찾아가는 매장이 있는가? 스스로 생각하기에도 감명받은 서비스의 사례가 있는가? 스스로 자문해 보라. 나는 왜 그곳을 찾는지, 왜 기분이 좋았는지. 그것이 그대로 당신이 서비스를 행할 때 교본이 되어 줄 것이다.

서비스는 일종의 '감동'의 '경험'을 제공하는 것이다. 물질에 더하여 보이지 않는 무언가로 일상을 한결 아름답게 만들어주는 것이다. 보이지 않지만 현대 사회에서 가지는 값어치가 높은 것이라 할 수 있다.

한 예로 우리는 틀에 박힌 응대를 떠나 '인간미'가 넘치는 응대를 좋은 서비스라 부른다.

분식집에서 많이 사줘서 고맙다며 순대 내장을 조금 더

넣어주는 것도 서비스이고, 백화점에서 시종일관 상냥한 웃음으로 전혀 귀찮아하는 기색 없이 많은 옷들을 입어볼 수 있게 해주는 것도 서비스이다. 물건이 고장이 나서 사후에 고쳐주는 것 역시 A/S, 애프터 서비스라고 한다. 그렇다면 우리 승무사원들이 배워야 할 서비스는 무엇일까?

거기에 앞서 미국의 서비스 경영학자인 칼 알브레히트가 제창한 '일곱 가지의 해서는 안 될 서비스 죄악'에 대해 한 번 알아보도록 하자.

그는 불만을 갖거나 화를 내는 고객들을 분석한 결과, 몇 가지 요인이 공통적인 문제라는 사실을 밝혀냈다.
해당 사항은 다음과 같다.

| 서비스 7대 죄악

(1) 무관심

'나와는 관계없다.'는 생각으로 고객에게 관심을 전혀 보이지 않는 태도이다. 고객이 들어와도 고객을 쳐다보지 않고 자기 일만 한다. 바쁜 날이나 지친 오후에 주로 일어나는 경향이 많다. 고객의 입장에서는 투명인간이 된 기분이 들수 있다. 승무사원 역시 지치고 힘들 때 승객이 타도 반응을한 적이 없을 때가 있었을 것이다. 대부분의 승객이 이를 이해하고 넘어가지만, 한결 더 나은 하루를 만들기 위해서 관심을 보여 주는 것은 어떨까?

(2) 무시

고객의 요구나 상담에 대해 무시하고 피하는 일, 고객을 얕잡아 보는 행위다. 특히 고객이 초라해 보일 때 주로 발생한다. 정해진 시간과 절차 안에 고객을 속박시키고 고객의 문제에 대해서는 귀찮아한다. 1번과 비슷한 경우다. 승무사원의 경우 승객이 타든 말든 상관없이 운전만 하겠다는 주의다. 이래서는 그날 하루도 김빠지는 하루가 될 가능성이 높다. 먼저 반응을 하면 훨씬 좋은 것이 돌아온다. 이를 염두에 두도록 하자.

(3) 냉담

고객을 퉁명스럽고 불친절하게 대하는 등 냉담한 반응을보이는 행위다. '방해가 되니 저쪽으로 가시오'라고 말하는 듯하다. 무뚝뚝하고 퉁명스럽다. 승객이 무언가를 물어보거나, 잠시 카드나 현금을 준비하기 위해 양해를 구할 때 쌀쌀맞게 대하는 태도다. 당연히 승객은 무안해질 수밖에 없다. 굳이 그렇게 해야 할까? 미소 지으며 응대해 줄 수는 없는 걸까? 승객도 감정을 가진 사람이다. 다시 안 볼 사이라고 생각하지 말고 친절하게 배려해 주자.

(4) 어린애 취급

대화할 때 낮추어 말한다. 생색을 내거나 어딘지 모르게 건방진 태도를 보인다. 주로 어린아이나 장애인을 대할 때 이런 우를 범하는 승무사원이 많다. 어린아이라고 해서 함부로 대해서는 안 되고, 장애인이라고 해서 지적 능력이 떨어지는 취급을 해서도 안 된다. 사람은 다 감정을 느낀다. 부정적 감정이 전달되고 불쾌함이 일어난다. 제3자가 보기에도 좋지 않다. 하나의 인격체로서 손님을 대우하는 것은 서비스의 철칙이다.

(5) 로봇화

서비스가 정감이 없고 마치 기계처럼 응대하는 경우다.

웃음기 없는 가식적 인사 등, 따뜻함이나 인간미를 전혀 느낄 수 없다. 인사를 해도 무뚝뚝하게 쳐다보지 않고 출발하는 승무사원도 이와 비슷하다. 냉막한 분위기가 감돌아 함부로 말을 붙일 수도 없다. 따뜻한 사회를 만들고 싶지 않은가? 우리는 로봇이 아닌 사람이니 먼저 웃음 지으며 다가가 보자.

(6) 규정대로

고객 만족보다 회사의 규칙을 우선시하고 맡은 업무 외에는 하지 않는다. 재량권을 행사하거나 예외를 인정하지 않아 상식이 통하지 않는 경우다. 규정은 중요하지만 사람 사는 사회에서 어느 정도의 요령은 필요하다. 상황에 맞게 승객을 대해야 할 경우가 있음을 알아두자.

(7) 뺑뺑이 돌리기

나는 모릅니다, 글쎄요, 윗분에게 물어보세요 등등 책임을 회피하며 때로는 문제를 고객의 잘못으로 돌리기도 한다. 자신이 알고 있는 한도 내에서 충실하게 대답해 주는 것도 승무사원의 의무이다. 정말로 모르는 사항에 관해서는 그것을 알 법한 곳을 추천해 주거나 전화번호를 알려 주도록 하자.

위의 '7대 금지' 사항을 살면서 한 번이라도 겪어본 사람
이 많을 것이다. 실제로 우리 주위에서 자주 일어나고 있
는 일이다. 그렇다면 좋은 서비스란 저 사항의 반대되는 것
이라고 보면 되지 않을까? 손님을 투명인간 취급하지 않고,
진심으로 귀를 열어 경청하는 태도를 보이며, 존중의 마음
으로 따뜻하게 대하는 태도 말이다.

좋은 서비스는 어째서 필요한 걸까? 재화만 주고받으면
되지 않을까? 왜 우리는 유독 감정적 소모를 해야 하고, 연
습과 훈련이 필요하며, 항상 최적의 상태를 요구하는 서비
스 정신을 기대하는 걸까?

시대가 바뀌었음이 그 한 예가 될 수 있지 않을까 한다.
과거에는 맛있는 떡을 팔면 그만이었다면, 이제는 맛있는
떡을 먹기도 좋게 썰어 놓아야 하는 시대가 왔다. 왜냐면 재
화는 넘치고 맛있는 떡집은 많기 때문이다. 보통 사회를 이
루는 사람들은 원하는 음식을 원하는 때에 먹을 수 있는 경
우가 대부분이다. 한마디로 삶의 수준이 한 단계 높아졌다.
그런 상황에서 인간의 본능적 욕구인 '더 나은 것'을 원하는

심리가 발동됨은 불가항력적인 일이 아닐까 한다. '이왕이면 다홍치마'라는 속담은 훨씬 옛날부터 우리 사회에 머물러 왔다. 이제 '이왕이면 굿 서비스'를 제창하는 시대가 온 것이다.

이는 물질적 만족을 떠나 정신적 만족까지 추구하게 됨을 말해주고 있기도 하다. 오직 재화만 거래하는 삶은 팍팍하지 않겠는가? 삶에 여유가 깃들수록 사람들이 원하는 것은 적어지지 않는다. 오히려 많아진다. 물질로는 한계가 있다. 정신적 만족은 가장 높은 수준의 만족이다. 인정받는 느낌, 대접받는 느낌, 모든 것을 통틀어 '소통하는 느낌'이 중요해진 시대다. 경제적 발전은 사회적 화합의 단절을 불러오는 부작용을 낳았다. '힐링'이 대세인 이유다. 사람들은 힐링하지 않으면 살 수 없다. 마치 뿌리부터 바싹 말라가는 것처럼 기운을 잃게 된다. 시대가 변하여도 사람은 변하지 않는 것이다.

그러므로 서비스는 '어떤 특수한 덤'이 아니라 이제 '사회를 구성하는 중요한 요소'로 자리 잡게 되었다. 마치 밥을 먹기 전 손을 깨끗하게 씻듯, 각종 재화를 공급할 때 서비스를 갖춰 예우하는 것은 당연한 목적이 되었다. 서비스를 제공하는 자는 서비스를 제공받는 자들의 '갑질'에 응해줘야 하는 것이 아니다. 적당한 선에서 갑질을 거절하는 법도 배워야만 한다. 하지만 기본적인 응대는 해주어야 한다. 만나면 악수를 하는 것처럼 이제 서비스는 필수 정신이 되었다. 우리는 서비스 시대에 살고 있다.

그렇다면 본격적으로, 지금 승객들이 바라는 승무사원들의 서비스 정신과 승차공간의 특징은 무엇일까?

❶ 친절하고 용모가 단정하신 승무사원

❷ 편안하고 안락하게 운행하시는 승무사원

❸ 청결하고 깨끗한 승차 공간

이 세 가지가 기본 중의 기본이라고 할 수 있다. 그렇다면 이러한 조건을 충족시키기 위해 승무사원이 챙겨야 할 마음가짐으로는 무엇이 있을까?

이것이 진정한 서비스다

1 친절하고 정중한 태도

2 승객의 마음을 헤아릴 수 있는 배려

3 교통 법규 등 규칙 준수

4 승객 이야기 경청

5 자기 관리

6 신속한 대처 능력

7 서비스 응대 및 행동에 관한 반성

8 승객의 입장 및 요구 사항의 정확한 파악

9 단정한 태도 및 올바른 몸가짐, 매너, 예의, 말씨 유지

10 청결한 몸 관리

11 정확한 요금 계산

전체적으로 깔끔하고 정돈된 이미지가 중시되고 있음을 알 수 있다.

이러한 응대를 좀 더 자세히 살펴보기에 앞서, 잠시 '메라비언의 법칙'에 대해서 알아보자. 메라비언의 법칙은 메라비언(Albert Mehrabian)이라는 미국의 대학 교수가 1971년에 발표한 저서 'Silent Messages'에 나온 내용이다.

그가 어떤 실험을 했는지를 살펴보면 다음과 같다.

(1) 참가자들은 아홉 가지 단어를 듣고(녹음) 말하는 이의 감정을 평가했다. 단어-음성의 느낌은 저마다 달랐다. 예를 들어 '친애하는'이란 단어를 무서운 음성으로 말하거나, '끔찍한'이란 단어를 사랑스럽게 말하는 등이었다.

(2) 중립적인 단어 'maybe(아마도)'의 경우 각기 다른 음성으로 녹음된 maybe를 듣고 동시에 다른 표정의 사진을 보았다.

(1)의 결과, 단어-음성의 느낌을 비교했을 때, 단어의 의미보다 음성의 느낌이 더 영향이 컸다.

(2)의 결과, 표정:음성(톤)은 각각 3:2로 의사소통에 기여한다는 것을 알아냈다.

메라비언은 (1)과 (2)의 결과를 합쳐서 7-38-55의 법칙을 정립했다. 사람들은 첫인상에 있어 그 사람이 말하는 내용 자체보다 55%의 시각적 요소, 38%의 청각적 요소에 집중한다는 사실이다.

이와 같이 같은 말을 하더라도 어떤 표정과 어떤 목소리로 하느냐에 따라 느껴지는 의미는 크게 다를 수 있음을 알 수 있다. 무뚝뚝하게 "안녕하세요." 하는 것과 밝고 친절한 목소리로 하는 것 중 무엇이 더 긍정적인 반응을 불러일으

이것이 진정한 서비스다

킬지는 명백하다.

그러므로 승무사원은 형식적이고 딱딱하게 인사를 하는 것 자체에 의미를 두어서는 안 된다. 물론 인사를 하는 것이 하지 않는 것보다는 낫지만, 같은 인사를 하더라도 상냥하고 친절한 말씨와 표정으로 응대하는 것이 정중한 느낌을 준다.

버스 승무사원이나 택시 승무사원이나 승객을 마주하는 시간은 짧다고 할 수 있다. 그러므로 긍정적 이미지를 줄 수 있는 시간은 한정되어 있다. 그렇다면 대체 어떻게 해야 좁은 공간, 짧은 시간 속에서 승무사원들은 좋은 인상을 줄 수 있을까? 첫인상에 관한 법칙에 대해서 잠깐 알아보도록 하자.

(1) 3초의 법칙: 누군가를 처음 만나서 첫 3초 동안 느낀 이미지가 평생 그 사람을 평가하는 기준으로 작용한다.

(2) 콘크리트 법칙: 첫인상은 콘크리트처럼 쉽게 굳어지는 특성이 있어 처음 형성된 인상은 쉽게 바꿀 수 없다.

(3) 부정성의 법칙: 한 번 나쁘게 본 인상은 회복하기 쉽
   지 않다.

  우선 좋은 인상과 매너라는 것은 천성이 아니라 습관으로
길러진다는 점을 주목하자. 교양 있고 친절한 사람은 태어
날 때부터 만들어지지 않는다. 우리가 어린 시절부터 성인
이 될 때까지 꾸준한 교육을 통해 언어를 익히고 지식을 쌓
듯, 매너라는 무형의 자산 역시 훈련으로 길러질 수 있다.
지금부터 그 방법을 알아보자.

  뇌에게도 습성이 있다. 뇌는 나쁜 습관을 고치기 위해 계
획을 세우고 실행하려 하면 자꾸 원래대로 돌아가려고 한
다. 마치 관성의 법칙처럼 거부감을 보이며 계획을 중단하
게 하는 것이다. 그러나 꾸준하게 21일간 한 가지 연습을
하다 보면 습관을 관장하는 '뇌간'이라는 곳에 연결이 된다.
일단 뇌간에 연결이 되고 나면, 의심이 사라지고 습관으로
인식하게 되는 단계에 이른다. 즉 뇌가 새로운 습관을 길들
이는 데 걸리는 최소 시간은 21일인 것이다. 이렇게 생각이
뇌간까지 내려가면 그때부터는 심장이 저절로 뛰는 것처럼

이것이 진정한 서비스다

좋은 습관이 자연스레 나오게 된다. 매일 출근하기 전 거울을 보면서 좋은 인상을 주기 위해 노력해 보자. 21일간 단련된 얼굴근육을 통해 어느샌가 몸이 아닌 마음이 먼저 움직이게 될 것이다. 마찬가지로 늘 승객에게 친절한 태도를 보이도록 자신을 훈련시키자. 체화된 매너가 마음속까지 침투하게 될 것이다.

호감 가는 인상 트레이닝

❶ 눈썹 올리기 반복 2번 → ❷ 좌우 눈 윙크 반복 2번 → ❸ 좌우 볼에 바람 넣어 오른쪽, 왼쪽, 위, 아래 반복 2번 → ❹ 입술을 쭉 내밀기 → ❺ 양 볼에 바람 가득 넣기 → ❻ '개구리 뒷다리'를 외치며 입꼬리를 최대한 올리고 10초 버티기

위와 같은 트레이닝을 하면서 마음속으로 행복하고 좋은 상상을 해보자. 효과가 배가 될 것이다!

승무사원으로서 "나는 사회에 기여하고 있다.", "나는 오늘 태우는 이 사람의 하루를 만들어 가고 있다."고 생각하자. 이는 사실이다. 또 다른 지루한 하루가 아니라 사회에 공헌하는 하루를 만든다고 생각한다면 운전이 한결 신이 나고 마음이 편해질 것이다. 이러한 마음가짐이 장착되었다면, 이제 겉으로 보이는 모습은 어떻게 가꾸어야 할지 생각해 보자. 깔끔한 승무사원은 다음과 같은 외모를 유지한다.

1 **얼굴 : 면도 유무 확인** (턱수염, 구렛나루 등 수염을 기르지 않도록 함)

2 **두발 : 청결 여부 확인** (장발은 자제하고, 모자는 쓰지 않음)

3 **입 : 구취가 나지 않도록 주의**

4 **손톱 : 손톱의 청결 상태 확인**

5 **상의 : 깃에 때가 배어있지 않은지 확인**

6 **바지 : 잘 다려져 있는지 확인**

7 **신발 : 잘 닦여져 있는지 확인**

이것이 진정한 서비스다

전체적으로 깔끔하고, 단정한 인상을 주는 것이 중요함을 알 수 있다. 매일 출근하기 전에 얼굴과 몸, 의상의 청결 상태를 확인하고 거울을 보며 다듬도록 하자. 스스로 깨끗한 모습으로 출근한다면 당신의 하루도 맑아질 것이다.

이제 본격적으로 '서비스 자체'를 어떻게 행하면 좋을지 알아보도록 하자.

좋은 서비스와 나쁜 서비스를 가르는 비결은 '디테일'에 있다.

잠깐 예를 들어보자. 어느 추운 날 한 아주머니가 택시를 기다렸다. 날씨는 좋지 않아 비바람까지 흩날리고 있었다. 택시가 3분 만에 왔어도, 추운 겨울에 눈비를 맞아가며 기다린 아주머니는 체감상 30분은 지난 것처럼 느낄 수 있다.

이럴 때 그냥 침묵하지 않고, "추운데 오래 기다리셨죠. 어서 타세요."라고 밝게 말해주면 어떨까?

사람은 누구나 자신의 처지를 인정받기를 원한다. "많이 추운데 오래 기다리셨죠."라는 문장 안에는 당신이 힘들었을 거라는 '인정'이 들어있다.

비슷한 사례로 버스에서 운전을 하는데, 승객들이 "너무 더워요." 혹은 "너무 추워요."라고 항의한다면? 이때 굳이 에어컨이나 온풍기를 가동시키지 않고, "예~ 그렇군요. 날씨가 정말 덥네요/춥네요." 하고 맞장구만 쳐주어도 승객들은 만족한다!

그렇다면, 손님마다 개개인의 맞춤 서비스를 위해, 사장님~ 어머니~ 아버지~ 등등으로 호칭하는 것은 괜찮을까? 이것에 대한 답은 '아니오'이다. 어떤 손님은 괜찮을 수 있지만, 어떤 손님은 '처음 보는데 내가 무슨 아버지?'라고 지나친 친근감에 불편해할 수 있다. 또 아저씨, 아줌마 같은 단어도 예의가 부족한 호칭으로 사용하지 않아야 한다. 가장 듣기 편한 단어는 '손님'이다. 남녀노소 구분 없이 '손님'이라는 말을 쓰는 것이 가장 좋다.

하나 더, 승객의 사생활과 관련된 대화는 시도하지 않는 것이 좋다. 승객과 승무사원은 지금 처음 만난 남남이다. 넉살 좋은 승객만 있는 것이 아니기에, 갑작스레 던져진 사적 질문에 거북함을 느끼는 경우도 있다. 따라서 객관적인 것, 예를 들면 날씨 등에 대하여 이야기 주제를 잡는 것이 좋고, 이마저도 승객이 딱히 반응하지 않으면 더 깊은 의사소통

이것이 진정한 서비스다

을 시도하지 않고 멈추는 것이 좋다. 여기서 승객과의 대화 요령에 대해서 알아보자.

① 의도적이고 형식적인 대화는 지양할 것.

② 승객의 감정 상태를 고려하여 대화 방법을 생각해 볼 것.

③ 최대한 예의를 갖추어 대화를 유도하였으나 반응이 없다면 대화 접근을 피할 것.

④ 승객이 계속 말을 걸어온다면, 싫은 티를 내지 않고 수용하는 자세로 중간중간 적절히 고개를 끄덕이며 응대할 것.

⑤ 정치, 사회, 문화, 관광 등 다양한 이슈를 숙지해 두고 있을 것. 학식이 높아 보이는 승객에겐 관심을 보이면서 정보를 공유하며 대화할 것.

⑥ 여성 승객의 경우 대화 시 더욱 세심한 주의를 기울일 것.

이처럼 항상 승객의 입장에서 먼저 생각해 보고, 편안한 운행이 되도록 노력해야 한다.

짧은 시간 동안 전혀 좋은 인상을 주지 못한 한 택시 승무사원과 승객의 일화를 잠깐 살펴보면 어떠한 행위를 지양해야 하는지 알 수 있다. 어떤 블로거가 마카오를 여행하다가 생긴 일이다.

"기사는 탑승 후 계속 기계적인 리액션과 냉대하는 표정으로 일관했고, 차 안에서 얼굴도 내밀지 않은 채 자동문처럼 트렁크를 반사적으로 열었다. 무표정하게 목적지를 물었고 운전을 하면서도 운전대를 잡지 않은 손으로 끊임없이 스마트폰을 만지작거렸다. 택시 안은 트로트스러운 중국 가요를 크게 틀어 놓은 덕분에 중국 여자 가수의 애절한 목소리가 귀를 때려댔다. 영어 한마디 못하는 택시 기사와 나 사이에 그 어떤 소통을 기대하긴 힘들겠지만서도 언어가 통하지 않아도 사람과 사람 사이에 오고 갈 수 있는 교류의 느낌은 전혀 없었다."

이 일화에서 알 수 있듯이 아무리 짧은 시간이라도 탑승객은 승무사원에 의해 감정적 불편함을 느낄 수 있다. 더구나 외국에서 관광을 온 관광객에게 이러한 승무사원의 태도는 그 나라의 인상까지 결정하는 역할을 한다. 유능한 택시 운전사는 상황에 따라 승객을 위로하고 말벗이 되어줄 수 있는 교양인이 되어야 한다.

매너 있는 운전사는 승객에게 대하는 태도도 다르다.

이것이 진정한 서비스다

❶ 승객이 탑승할 시에는 "어서 오십시오, 어디로 모실까요?"라고 인사하며, 승객의 행선지를 반드시 재확인한다. (네, 00구의 00 말씀이시죠?) 잘못 알아들었을 경우 낭패를 볼 수 있기 때문이다.

❷ 자신이 알고 있는 최상의 경로를 설명한다. 시간을 물을 경우 도로 상황을 정확히 모르므로 알 수 없다고 말한다. 예상 시간을 말했다가 더 빨리 가거나 제 시간에 도착한다면 다행이지만, 더 늦어지게 되면 불평을 받을 수 있기 때문이다. 만일 승객이 자신이 원하는 운행 경로로 가 달라고 부탁하면, 승객이 최종 결정하도록 한다. 승무사원이 선택한 경로가 맞다고 고집하지 않는다.

❸ 운행 중 백미러로 승객을 자주 쳐다보거나, 불필요한 질문(아가씨 몇 살이야?, 그거 비싼 겁니까?)은 지양한다. 마찬가지로, 두 명 이상의 승객이 서로 이야기를 주고받고 있을 때 불쑥 끼어들지 않도록 한다.

❹ 목적지에 도착하면 승객의 하차지점을 명확히 파악하여 정차하고, 승객이 내릴 때 자전거나 오토바이에 치이지 않도록 주의한다.

❺ 요금은 공손히 받고 거스름돈과 영수증을 정중하게 건 넨다.

❻ 두고 내리는 물건이 없는지 확인한다.

❼ "이용해 주셔서 감사합니다. ○○기사입니다."까지 말하 면 금상첨화!

이런 깔끔한 매너와 반대로, 승객이 불편해질 수 있는 언 행은 다음과 같다.

❶ 급출발, 급제동 등 난폭운전

❷ 상의 단추 풀기, 소매나 바지 걷어 올리기, 슬리퍼 착용 등 단정하지 못한 복장

❸ 휴대폰을 사용하는 행위

❹ 승객의 취향을 무시하고 라디오나 시디를 크게 틀어 불쾌감을 주는 행동

❺ 승객 앞에서 동료기사 혹은 제 3자와의 사적인 일로 흥 분하여 말다툼하거나 욕설하는 행위

❻ 응대 중에 승객을 무시하는 것 같은 인상

❼ 지극히 기계적이고 무표정한 태도

이것이 진정한 서비스다

⑧ 냉담하고 찡그린 표정

⑨ 모자를 썼을 시 얼굴이 보이지 않거나 모자를 삐딱하게 쓰는 경우

⑩ 창문틀에 팔꿈치를 올려놓은 상태로 운전

⑪ 한 손으로 운전

⑫ 백미러로 승객을 자주 보는 행위

⑬ 혀를 차거나, 껌을 씹거나, 휘파람, 콧노래를 부르는 태도

⑭ 신발을 벗거나 슬리퍼를 신고 운전하는 행위

이와 같은 행동은 승객에게 불쾌감이나 불안함을 준다.

승객은 승무사원의 불안한 행동 하나하나에 신뢰감을 잃고 신경이 곤두설 수밖에 없다. 운전대를 잡은 이가 승무사원이니, 안전이 직결된 문제로서 당연하다. 내가 승객이라면 지금 내가 운전하는 방식에 어떤 기분을 느낄지 역지사지로 생각해 보자.

승객들은 기본적으로 '안전'한 운행을 원한다. 안전은 모든 운전의 제1수칙이다. 위와 같은 부적절한 복장이나 행동은 안전에 대한 불신을 초래하는 이미지를 내보내고 있다. "저런 복장을 한 사람이면 운동도 날라리같이 설렁설렁 하는 거 아냐?", "왜 휴대폰을 사용하지? 위험하잖아.", "욕하는 거 보니까 불안하다. 저러다 실수로 어디 부딪히면 어떡해." 공포 분위기를 조성하는 택시나 버스 안에서 승객들의 마음은 조여들어 간다.

여기서 옷차림이 주는 메시지를 연구한 재미난 사례 하나를 소개한다.

미국의 심리학자 레오나르도 빅맨이 한 실험을 보자. 공중전화의 동전 반환구에 미리 동전을 놓아둔다. 사람들이

이것이 진정한 서비스다

통화를 끝내고 그 동전을 자기 주머니에 넣으면, 연기자들이 다가가서 이렇게 말한다. "제가 동전을 두고 갔는데 혹시 못 보셨나요?"

이때 남녀를 불문하고 한 팀은 넥타이를 맨 정장차림이거나 단정하고 깔끔한 옷차림이었고, 다른 팀은 허름한 티셔츠와 슬리퍼 차림이었다.

실험 결과, 단정한 옷차림에 해당하는 연기자에게 동전을 돌려주는 경우가 그렇지 못한 그룹보다 2배나 더 많았다고 한다.

이렇듯 우리는 차림새에 따라서 상대를 평가하는 경우가 많다. 지하철 안내 방송이나 라디오 프로그램의 성우조차도 화면에 나타나지 않지만 마음의 준비를 위해서 외모와 복장에 신경을 쓰고 일에 임한다고 하니, 복장이 주는 이미지 메이킹이 얼마나 중요한지 가늠할 만하다.

만약, 최선을 다해서 친절한 서비스를 제공하기 위해 노력했으나, 승객과의 의사소통이 어긋나 불만을 표시하는 경우가 발생하면 어떻게 해야 할까?

❶ 먼저 불만을 제기하는 상대를 인정하고 높여주어야 한다.

❷ 반론을 하거나 자존심을 건드리는 말을 하지 않는다.

❸ 입장을 충분히 이해하고 있음을 알리고, 면박하거나 무안 주지 않는다.

❹ 부드러운 분위기를 유지하며 비웃음이 섞이지 않도록 주의한다.

❺ 언짢은 내색을 보이거나 원리원칙만을 앞세우지 않는다.

❻ 신속하게 컴플레인을 처리한다.

 승객이 화가 난 상황을 적극 이해하고, 따지려고 하기 전에 기분을 풀어주기 위해 노력하라. 아무리 화가 머리끝까지 난 상태라도 고분고분하고 차분하게 말을 들어주면, 대다수는 곧 열이 가라앉기 마련이다. 이때 화를 못 참고 맞불을 놓으면 곤란하게 되는 것은 승무사원 쪽일 수 있다.

 만약 승객의 불만을 재깍 처리하기 어렵거나 처리가 불가능할 때라면? 이럴 때 사용할 수 있는 좋은 방법이 있다. 바로 '쿠션 언어'의 사용이다. '쿠션', 즉 아프지 않게 받쳐주는, 상대방에게 불쾌감을 주지 않으면서 꺼내기 어려운 말을 해야 할 때 쓸 수 있는 언어라고 보면 된다.

실례합니다만, 대단히 죄송합니다만, 무슨 말씀인지는 알 겠습니다만, 확실히 맞는 말씀입니다만, 송구합니다만, 도 움이 못 되어 / 기대에 부응하지 못하여 죄송합니다만….

이와 같이 들어주기 어려운 부탁의 앞머리에 상대의 입장 을 존중하고 있음을 표시한 후, 차분차분한 어투를 사용하 여 대화한다. 고객의 마음을 헤아리고 있음을 보여주는 인 정의 힘은 무척이나 강하다.

여기까지 살펴보았으면 기본적인 응대법은 충분히 숙지 가 되었으리라 본다. 그렇다면 이제 승무사원이 절대 행해서는 안 되고, 전혀 상대를 인정하지 않는 행동 중 하나를 알아보자.

그것은 바로 성희롱을 포함한 각종 성범죄일 것이다. 성 폭력은 행위자의 의도가 아니라 피해자의 관점을 기초로 판단하며, 직관적으로 같은 처지에 있는 일반적이고 평균적 인 사람이 성적 굴욕감이나 혐오감을 느낄 수 있음을 기준 삼는 행위이다.

유감스럽게도 버스나 택시 내에서도 성폭력에 해당하는 일이 발생하곤 한다. 택시 승무사원이 실수로 스치듯이 다리를 만지거나, "첫 손님이 여자 한 명이면 종일 재수가 없다"는 말을 하거나, "내 아들이 아주 괜찮은데, 한번 만나볼 생각 있어요?", "예쁜 공주님이 왜 이렇게 늦게까지 일을 하시나?"처럼 사적인 관계를 맺으려 하는 등 애매한 수위의 발언도 성희롱으로 느껴질 수 있다. 여자 승객은 따지고 싶어도 택시 안에 남성 운전자와 둘만 있을 경우 혹시 무슨 일이라도 당할까 움츠러들고 만다.

음담패설, 외모나 사생활에 대한 지나친 간섭, 불필요한 신체 접촉, 사적인 만남 강요 등 수위의 높고 낮음의 차이만 있을 뿐 성희롱에 해당하는 사항은 많다. 만약 그러한 '선'을 구분하고 싶다면 성희롱 예방프로그램에 적극 참여하는 것도 좋은 방법이다.

만약 '나는 전혀 성희롱의 의도가 없었다'고 주장하더라도, 성희롱 행위자로 지목된다면 즉시 사과하고 피해자의 요구사항을 이행해야 한다. 그에 따른 징계도 합당하다면 수용하여야 한다. 나에겐 장난이었어도 상대방에게 폭력일 수 있고, 선의로 건넨 말이라도 불쾌함을 느낄 수 있다. 말하기

　　　　　　　이것이 진정한 서비스다

전에 1초, 쳐다보기 전에 2초, 행동하기 전 3초만 생각해 보자.

성희롱에 관한 내용은 뒷장에서 좀 더 자세히 다뤄보도록 하겠다.

이처럼 운행을 하다 보면 승무사원은 다양한 상황에 직면한다. 하지만 원칙을 충분히 인지하고 있고 지키고자 한다면 많은 문제를 예방할 수 있고, 승객에게 편안함과 쾌적함을 제공할 수 있다. 스스로를 믿고 나아가 보도록 하자.

승무사원은 언제나 승객에게 최상의 서비스와 안전에 대

한 확신을 제공해야 할 의무가 있다. 조금만 먼저 생각하고, 먼저 배려하자. 당신의 작은 관심과 배려에 승객은 생각보다 훨씬 큰 감동을 느낄 것이다.

서비스는 서비스를 받는 고객을 친절하고 상냥하게 대하는 것에서부터 시작한다. 이를 위해서는 부드러운 미소와 어투가 제일 중요하다. 승무사원이 제공하는 서비스의 경우, 서비스를 받는 승객으로 하여금 자신이 존중받고 있음을 느낄 수 있고, 편안하고 쾌적한 환경에서 목적지까지 향하게 하는 것이 키포인트(Key point)라고 할 수 있다.
따스한 사회에서 따스한 서비스는 기본이다.

바쁜 현대 사회에서 많은 이들이 웃음을 잃고 살아간다. 예나 지금이나 생계를 유지하기 위해 눈코 뜰 새 없이 바쁜 것은 마찬가지이다. 다른 점이 있다면 사람들이 그러한 과정을 좀 더 쾌적하게 바꾸기 위하여 노력하고 있다는 것이다. 서비스는 한 잔의 따스한 커피와도 같다. 정신없는 출근길에 조금이라도 시간을 내어서 마시는 커피는 심신에 안정과 온기를 가져다주고 그날 하루에 활력을 불어넣는 계

이것이 진정한 서비스다

기가 된다. 반드시 필요하진 않지만 있으면 좋은, 웰빙을 꾸려나가기 위한 삶의 보너스인 셈이다. 서비스가 인생을 살아가는 데 있어서 반드시 필요한 조건은 아니지만, 좋은 서비스는 삶의 질을 한 단계 높여주고 더욱 활기찬 삶을 살아가게 하는 데 원동력을 제공한다. 백화점에서 물건을 살 때 내내 싱그러운 미소와 친절한 태도로 손님을 맞이하고, 매장을 방문하고 떠날 때까지 공손한 태도로 대우하는 점원을 만났을 때 물건을 사서 돌아가는 이의 마음은 한결 가볍고 기분이 좋을 것이다. 자신이 낸 돈만큼, 혹은 그 이상 대우받았다는 생각이 들면 돈이 아깝지가 않을 것이다.

버스나 택시 승무사원의 서비스 정신은 사회에 중요한 역할을 한다.

대부분의 승객은 어떠한 목적을 가지고 버스나 택시에 탑승한다. 그 목적은 당연히 원하는 장소로 가는 것이다. 좀 더 자세히 들여다본다면 '집에 가서 빨리 편히 쉬고 싶다.', '학교나 회사에 가서 어서 공부와 일을 해야 한다.', '장에 가서 물건을 사야 한다.', '친구나 애인과의 약속 장소에 가서 즐거운 시간을 보내고 싶다.' 등등 그 밖에도 수없이 많을 것이다. 승무사원은 그 '목적'의 '시작'에 불을 점화하는 역할을 한다. 무언가를 하기 전에 그 일을 더욱 아름답고 활기차게 만들어주는 것이다. 마치 쇼가 시작하기 전 무대에 나와 관객들을 흥분하게 하는 사회자와도 같다. 좋은 서비스, 좋은 태도가 일과를 시작하기 전의 승객들의 마음을 부드럽고 편안하게 해주며, 따라서 더욱 질이 높은 하루를 만들어주는 초석이 된다. 지친 몸을 이끌고 집으로 가는데 불편하거나 기분 나쁜 대우를 받는다면, 더욱 힘이 빠질 것이고, 일이나 공부를 하기 전에는 마음이 혼란해질 것이고, 장에 가기 전에는 무언가를 깜빡 잊어먹게 될 수도 있고, 친구나 애인을 만나기 전에는 기분이 상해서 안 좋은 컨디션으로 만남을 보내게 될 수 있는 것이다.

반면 좋은 서비스를 받는다면 훨씬 기분 좋은 마음으로 집에서 쉬게 되고, 명료한 정신으로 일을 시작하게 되고, 활기찬 마음으로 쇼핑을 할 수 있으며, 상쾌하고 산뜻하게 친구나 애인을 만나 더 좋은 시간을 가질 수 있다.

사람의 마음이 이토록 작은 것에 흔들리고 좌지우지될 수 있다는 점을 잘 인식하고 그 마음을 더 보듬어주고 살펴주

이것이 진정한 서비스다

는 것이 바로 서비스의 정신이자 존재 이유이다.

따라서 승무사원들은 단순히 승객들을 운반해 주는 것이 아니라 그 '승객의 하루의 질'을 가꾸어 주는 막중한 임무를 띠고 있는 것이다.

그뿐만이 아니다. 이렇게 기분 좋은 하루를 시작하게 된 승객이 더욱 활기차고 기분 좋은 사회를 만들어 나갈 것임은 명명백백하지 않은가? 기분 나쁜 상태로 일을 하는 것보다 기분 좋은 상태로 일을 하는 것이 더 능률적이고 효율적임은 말할 필요도 없다. 결과적으로 사회와 국가의 질이 높아지고, 인류의 행복과 만족도가 높아지는 일에 기여를 하고 있는 것이다.

이 점을 가슴속에 명심하고 있다면 승무사원으로서 더욱 자부심이 생겨나고 활기찬 하루를 보낼 준비가 될 것이라 믿는다.

사실 오늘날 많은 승무사원들이, 혹은 일상을 살아가는 많은 이들이 버스나 택시 승무사원의 직업을 '고급 업종'으로 생각하지는 않는 것이 현실이다.

아마 이 글을 읽고 있는 당신도 승무사원은 단지 운전을 통해 승객들을 원하는 목적지로 데려다주는 '마부'에 불과하다는 지루한 생각을 가지고 있었을지도 모른다. 이는 크게 잘못된 생각이다. 상기에 서술했듯이 모든 직업에 귀천은 없으며 다 나름대로 시민과 사회에 공헌을 하며 모두 행복을 만들어내는 역할에 경중이 없다. 의식이 깨어있는 사람일수록 이 사실을 잘 알고 있으며 그렇기에 그런 사람은 사람을 대하는 데 있어서 무례함이 없고 정중하다. 설령 당신을 마주하는 사람이 그런 생각을 가지고 있지 않고 당신을 당신이 생각하는 만큼 존중하지 않는다고 해도 변함은 없다. 당신은 여전히 사회에 어떤 방식으로든 기여하고 있으며 그 기여도를 높일지 말지는 당신의 선택에 달려있는 것이다.

삶은 다른 이가 당신을 어떻게 바라보느냐보다 당신이 세상을 어떻게 바라보느냐가 더 중요한 법이다. 그리고 이를 통해 다른 이가 당신을 바라보는 관점도 변하게 된다.

혹시 "내가 굳이 이렇게까지 해야 할까?"라고 생각하는가?

그렇게 생각하지 말라. 어쩔 수 없이 해야 하는 일이 아니다. 남을 깍듯이 대우하는 것은 곧 자신을 깍듯이 대우하는 것이다. 이 말은, 내가 하는 일에 자부심을 가지고 정성을 기울인다는 것에는, 스스로를 존중하고 스스로의 일에 가치를 부여하며 의미를 담는다는 것을 의미한다.

반면 불친절한 태도를 행하거나 일을 하는 데 있어서 설렁설렁한다는 의미는, 그만큼 스스로의 일에 가치를 두지 않고 별 볼 일 없는 일로 판단하고 있는 것이며, 자신의 처지조차 하찮게 여기고 있다는 뜻이다.

왜 굳이 당신의 일을 비하하는가? 누가 뭐래도 스스로 완벽함을 추구하는 사람이 되고 싶지 않은가?

과거의 마부와 오늘날 승무사원은 운행을 하는 데 있어서 '서비스'를 행하느냐 마느냐에 큰 차이가 있다. 앞으로 설명하겠지만, 승무사원의 훌륭한 서비스 정신에 감응하여 감동을 받는 승객들이 생각보다 참 많다는 사실을 알게 될 것이다. '내가 이렇게 한다고, 사람들이 신경이나 쓸까'라고 생각하지 말라. 많은 사람들의 마음이 당신에게 공감하고 있으며 따뜻하다는 것을 당신은 알게 될 것이다. 그리고 당신의 사소한 작은 친절과 호의에 깊이 고마워한다는 사실도 알게 될 것이다.

많은 이들이 정에 목말라 있는 시대이다.

사회는 더욱 발전하였고 예전과 비교할 수 없을 정도로
시스템이 좋아져 삶의 질은 올라갔지만 이웃 간의 따스함
과 교류는 적어지고 있다.

이런 사회에서 승무사원의 따뜻한 친절은 큰 감화를 불러
일으키며 우리 사회에 푸근한 온기를 가져온다. 반대로 냉
막하고 불친절한 태도는 사회를 더욱 암울하게 하며 에너

지를 빼앗는 원인이 된다.

어차피 일을 할 것이라면, 어느 쪽이 더 보람차고 행복하겠는가?

서로 감동을 주고받는 사회가 되도록 하자. 단순히 사회를 위해서, 공동체를 위해서 기여를 하기 위함이 아니다. 따스한 친절을 제공하는 본인 자신 역시 좋은 기운과 에너지로 몸이 건강해지고 정신이 맑아진다. 부루퉁한 표정과, 기계적인 인사나 불친절한 태도로 삶을 살아가는 것은 본인 자신에게도 좋지 않다. 삶에 의미가 없어지고, 직업은 그저 생계를 위한 도구가 되고 만다. 물론 직업의 1차 목적은 먹고살기 위함이 맞지만, 단순히 배에 먹을 것을 집어넣고 옷을 사 입고 다니기 위해서 일을 하는 것은 얼마나 재미없는 삶인가.

성인이 된 사람은 먹고 자는 것을 제외한 하루의 대부분을 일하는 데 소모한다. 이 긴 시간을 아무런 보람도, 사명감도, 흥미도 없이 보낸다면 크나큰 낭비가 아닐 수 없다. 본인 스스로에게도 목적이 없이 방황하는 기분이 들며 암울하지 않겠는가?

그보다는 내가 나의 삶을 살면서 자아실현을 이루고, 다른 이에게 행복을 나눠주며, 스스로도 행복함에 젖어들어 하루를 보내겠다고 맹세한다면 그 삶의 질은 크게 달라진다.

일에 있어서 프로페셔널한 정신을 가지는 것은 스스로의 삶을 바꾸는 문제다.

그러니 결코 승무사원으로서 서비스 정신을 가볍게 보지 말라!

이를 생각하면서 삶을 바꿔나간다면 분명, 당신이 행복을 제공하는 승객의 하루만큼이나 당신의 하루도 값지고 행복하며 보람찬 날이 되어갈 것이다.

이 책을 통해 좋은 서비스 정신과 시민의식을 기르고, 더 나은 삶의 주인공으로서 살아갈 수 있는 지혜를 얻어갈 수 있기를 소망한다.

당신의 하루는 달라지기로 시작한 시점부터 달라진다. 그리고 그것은 다른 이를, 사회를, 세상을, 그리고 궁극적으로 당신 자신을 달라지게 할 것이다.

이것이 진정한 서비스다

Part 03

승무사원의
직업의식

☺

| 승무사원의 직업의식

직업의식이란 '각 직업에 종사하는 사람들의 특유한 태도나 도덕관, 가치관 따위를 통틀어 이르는 말'을 뜻한다. '직업에 귀천은 없다'라는 말이 있듯이 버스, 택시 승무사원 역시 자신의 직업에 대한 사명감을 가지고 일한다면 훨씬 행복한 마음으로 하루를 출발하고 또 마무리할 수 있다. 어떤 직업이든지 1차로 가져야 할 마음가짐은 지금 하는 일에 있어서 '사명감'을 가지는 것이다. 다른 사람들에게 도움을 줄 수 있는 일에 자부심을 갖고, 맡은 바 최선을 다하는 것이다.

이것이 진정한 서비스다

　모든 이는 자신의 직업에 자부심을 가질 수 있고 그리하여야 한다. 직업을 단순히 생계를 잇기 위한 도구로 생각하지 말고 사회에 기여하고 자아를 실현할 수 있는 통로로 생각하자.

　자부심의 근원은 자신 안에 있다. 자부심은 자신이 스스로에게 매기는 가치라는 것을 알자.

　긍정적인 생각을 하라. "오늘도 지루한 하루가 시작되는구나."라고 생각하지 말고 "나의 삶을 개척하는 또 다른 하루가 시작된다."고 생각하라.

탈무드에 세 명의 석공 이야기가 나온다.

예배당을 짓기 위해 세 명의 석공이 열심히 돌을 쪼고 있었다.

지나가던 이가 그들에게 "지금 무엇을 하고 있습니까?" 하고 물었다.

첫 번째 석공은 지친 표정으로

　"보면 모르시오? 돌을 깨고 있소. 죽지 못해 이 일을 하고 있소."

라고 대답했고, 두 번째 석공은,

　"가족을 부양하기 위해서 일을 합니다. 굶고 살지 않으려면 어쩔 수 없는 일이지요."

하고 대답했다.

마지막으로 세 번째 석공은 밝게 웃으며 이와 같이 대답하였다.

　"성당을 짓기 위해 돌을 다듬고 있지요. 나는 아름다운 건물을 만드는 일에 동참하고 있는 겁니다."

승객은 누구나 사연이 있다.

어떤 사람은 비즈니스 미팅에 참석하러 가는 중이고, 어

　　　　　　　　　이것이 진정한 서비스다

떤 사람은 이사 와서 새로운 삶을 꾸리기 위해 주변을 탐색하고 있으며, 어떤 사람은 친구나 가족을 만나기 위해 여행을 떠나고 있다.

승무사원은 "모든 사람들의 하루를 만들어 주는 일"을 하고 있는 것이다. 승무사원을 3D업종이라고 생각하지 말자. 아니, 그와는 반대이다. 고귀하고 훌륭한 일을 하고 있다. 시민들의 발이 되어 사회를 굴러가게 하는 역할을 하고 있는 것이다.

승무사원으로서, 적어도 버스나 택시를 타고 이동할 시엔 승객이 운행에 관하여 가질 수 있는 불안함이나 걱정을 덜어주어야 한다. 비즈니스맨은 회의에만 집중할 수 있도록 하고, 새로운 곳에 찾아와 긴장하고 있는 사람에게는 따뜻하고 편안한 미소를 보내어 안심시키고, 할머니 댁에 간다고 신나하는 아이들은 안전하게 공항으로 인도한다. 이 모든 것이 승무사원의 소명이다.

버스나 택시나 공통적으로 요구되는 사항은, 앞으로도 다루겠지만 친절한 표정과 미소, 인사에 있다. 사실상 승객이

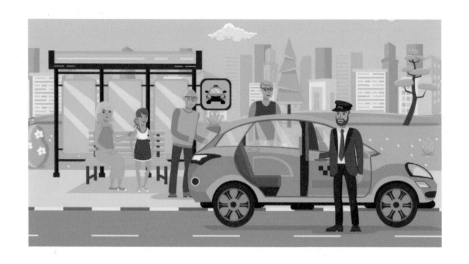

승무사원과 의사소통을 나누는 접점이 되는 시간은 길지 않기 때문에 첫인상이 가장 중요하다. 그리고 공통적으로 승객을 친절하게 대하겠다는 마인드가 필요하고, 승객에게 성을 내거나 무뚝뚝하게 대응하지 않겠다는 생각, 적극적으로 질문이나 대화에 응하고 안전한 운행을 하겠다는 생각이 우선된다.

훌륭한 승무사원은 운전할 뿐 아니라 진심으로 승객을 배려한다. 직무 설명서에 쓰인 내용을 넘어서, 승객이 어디를 가든지, 그들의 사연이 무엇이든지 간에 길거나 짧은 여행에서 최고의 경험을 제공하자. 훌륭한 승무사원으로서 행복

이것이 진정한 서비스다

하고 감사하며 자신감을 가지려면, 몇 가지 핵심적인 소양을 갖추어 두자. 그 소양은 다음과 같다.

(1) 질서 의식

승객을 목적지까지 안전하고 신속하게 운송하겠다는 서비스 정신, 돌발적으로 발생할 수 있는 교통 상황에 신속하고 민첩하게 대처할 수 있는 능력은 늘 몸에 배인 질서의식으로부터 생겨난다는 점을 명심하자. 항상 마음의 여유를 갖고 서로 양보하는 마음의 자세로 운전한다.

(2) 주의력

운전 중에는 오직 운전에만 몰입하고 다른 생각은 하지 않는 것이 좋다. 도로의 상황은 언제나 바뀌기 때문에 순간적인 실수로 사고가 날 수 있기 때문이다. 방심으로 말미암아 사고가 나는 경우는 비일비재하기 때문에 이왕이면 라디오나 음악도 듣지 않고 온 신경을 운전에만 집중하여 위험을 빨리 발견하고 대응 조치를 할 수 있어야 하겠다. 늘 전방을 주시하는 것도 운전사로서의 능력이다. 다음의 경우를 제외하고는 운전 중에 휴대전화를 사용하지 않아야 한다.

- 차량이 정지하고 있는 경우
- 각종 범죄 및 재해 신고 등 긴급한 필요가 있는 경우
- 손으로 잡지 않고 휴대전화를 사용할 수 있는 장치를
  이용하는 경우

운전 중 휴대전화를 사용하면 이런 위험이 있다.

- 핸들 조작 시 정확도가 떨어진다.
- 돌발 상황 발생 시 평균 반응시간이 길어진다.

이것이 진정한 서비스다

- 주의력이 떨어져 위험인지가 늦어진다.
- 교통사고 위험이 약 4배 이상 높다.

운전 중 DMB 시청에 따른 실험결과를 보면 전방 주시율이 정상 주행에 비해 26.2% 감소해 위험 발견이 지연될 뿐만 아니라, 장애물 발견 후 위험 회피 능력도 정상 주행 시보다 40%가 떨어지는 것으로 나타났다. 대부분의 추돌사고가 1초 이내의 짧은 시간 동안 전방주시를 놓쳐 일어나나다는 점을 감안한다면 운전 중에는 DMB 시청을 하지 말아야 한다.

(3) 심신상태의 안정

운전자의 몸과 마음이 안정되어야 운전도 안전하게 할 수 있으므로 심신 상태를 조절하여 냉정하고 침착한 자세로 운전하여야 한다. 여객자동차 운수사업법 시행규칙 제44조를 보면, 질병, 피로, 음주나 그 밖의 사유로 안전한 운전을 할 수 없을 때에는 그 사정을 해당 운송업자에게 알려야 한다. 심신이 피로한 운전자는 핸들에 매달리는 자세를 취하게 되고, 출발이 지연되거나 신호를 착각하기도 한다. 또 신경이 날카로워지거나 자제력이 약해져 다른 차의 잘못에 지나치게 예민한 반응을 보이게 된다. 피로가 쌓이면 졸음이 오고 가수면 상태에 빠져 대형사고의 원인이 되는 것이다.

(4) 친절한 태도

승객에게 기분 좋은 하나의 '경험'을 처방하라. 승무사원이 승객들과 상호작용하는 능력은 매우 중요하다. 승객과 운전자의 첫 교류는 승객이 탑승할 때부터 시작된다. 친근한 미소 하나로 승객은 승차 내내 기분이 좋다. 모든 승객들을 무사히 도착지에 데려다주는 것과는 별개로, 그들을 환영하고, 편안하게 하고, 대접받는 것처럼 느끼도록 하는 것 역시 승무사원의 일이다. 승객들은 친절과 친근함을 기억하고 있다가 좋은 평가를 내린다. 승객을 '운반만' 하는 일이 전부가 아니다.

(5) 압박을 받더라도 침착할 것

승무사원은 도로 위에서 무슨 일이 일어나든 대처할 수 있어야 한다. 승무사원이 직면할 수 있는 몇 가지 문제는 다음과 같다.

-열악한 기상 조건

이것이 진정한 서비스다

-불만족스러운 승객

-로드 레이지(road rage: 운전 중에 치미는 분노를 참지 못하고 난폭한 말과 행동을 하며 다른 운전자를 방해, 위협, 공격하는 일)

-열악한 교통 상황

　운전자는 도로 위에서 언제나 이성적인 결정을 내릴 수 있어야 할 것이다. 즉 돌발적으로 발생할 수 있는 교통 상황에 신속하고 민첩하게 대처할 수 있는 능력이 요구된다. 기상 조건이 좋지 않을 시엔 최대한 안전운행하면서 서두르지 말아야 하고, 승객과는 말싸움을 해서 신경이 분산되면 안 된다. 로드 레이지에는 절대 대응해서는 안 된다. 로드 레이지를 하는 차주를 참지 못하고 경쟁하듯이 속도를 올리거나 차선을 바꾸면 심각한 위험을 초래할 수 있다. 안전띠를 제대로 매고, 승객들에게도 똑같이 하도록 지시한다. 결코 무례한 차주에게 반응하지 않는다. 타 운전자와의 시시비비로 난폭운전을 하거나 도로에 차를 세워둔 채 시비를 가리거나 다투는 것은 시간낭비다. 교통 상황이 복잡할 때는 조바심을 내지 않고 여유 있게 중간중간 심호흡을 하며 운전하도록 하자.

(6) 일에 전념할 것

일에 대한 열정을 갖는 것은 삶의 행복에 있어 주요 부분이다. 대부분의 노동자들은 삶의 3분의 1을 일을 하는 데 소비한다. 여러분은 여러분이 사랑하는 일을 하고 있는지 확인할 필요가 있다. 최고의 승무사원들은 그들의 일에 헌신할 뿐만 아니라, 그들이 운전사라는 것을 자랑스럽게 여긴다. 일을 하는 데 있어 집중력과 자부심은 매우 중요하다. 단지 금전적 이익을 위해서가 아니라, 자랑스러운 일을 한다는 믿음을 가지도록 하자.

(7) 승객과 동료를 존중할 것

훌륭한 승무사원들은 승객들에게 최대한의 존경을 표하는 것 외에도 동료들을 존경을 가지고 대한다. 동료를 단지 다른 차량을 운전하는 승무사원이 아니라, 한 팀으로서 대하라. 호감을 표시하고 커피를 건네라. 관심과 배려가 기본이 되도록 하라. 저마다 다른 사연을 가진 승객들에게는 잊지 못할 친절함을, 함께 열심히 일하는 동료에게는 격려와 동기부여를 하라. 모든 승객에게는 이야기가 있으며 모든 승무사원은 훌륭한 승무사원이 될 수 있는 기회가 있다.

　　　　　　　　　　　이것이 진정한 서비스다

승무사원은 도로 위의 리더이다. 자신이 운행하는 버스나 택시의 선장인 것이다. 승무사원은 승객들을 안전하게 모시기 위해 운전대를 잡는 것을 즐겨야 한다. 승무사원으로서, 차량 안에 있는 승객들의 안녕을 책임진다는 사실을 잊으면 안 된다. 자신감을 가지고 도로를 헤쳐 나갈 마음을 먹자. 또 차내의 질서를 지켜야 하므로, 때에 따라 차내가 소란스러워지거나 운행에 방해가 되는 일이 생기면 단호하게 빠른 처방을 내려야 한다. 도로 운행 중에 어떤 일이 일어날지 모르기 때문에 승무사원은 항상 좋은 습관을 지니도록 노력해야 한다.

간혹 사회적인 시선이 승무사원의 직업을 3D 업종으로 취급하는 게 아닌가 하는 불만이 있을 수도 있다. 하지만 열등감은 남이 자신에게 심어주는 것보다 자신이 스스로에게 심을 때가 더 치명적이다. 모든 사람은 자신이 처한 위치와 상황에서 지금 하고 있는 일에 대해 자부심을 느낄 수 있다. 그리고 보람과 행복을 경험할 수 있다. 승무사원은 운전을 통해 나라를 돌아가게 하는 이들이다. 승무사원이 없다면 당장 직장, 병원, 관공서에 가지 못할 사람들이 얼마나 많겠는가? 그들이 차량에 머무르는 시간은 잠깐뿐이더라도 승무사원 덕에 하루를 제대로 보낼 수 있게 되는 것이다. 승무사원이 승무사원으로서 최선의 노력을 기울이고, 승객들을 위한 바른 자세를 보여주자. 그리고 이를 통해 긍정적인 자아실현을 이루어 낼 수 있다.

승무사원으로서 긍정적 자아실현을 이루어내려면 자신에 대한 건설적인 비판도 필요하다. 그동안 무뚝뚝하거나 냉정하게 승객을 상대하였다면 그 점에 대하여 반성하고 개선할 점을 찾아 고치도록 한다. 하나씩 해나가면 할 수 있다. 자신감을 가지고 나아가도록 하자.

밝은 표정, 인사 및 태도

긍정적 첫인상
: 버스에 탑승하는 고객에게 밝은 미소로 소리 내어 인사한다.

승객과 눈맞춤
: 상대방에게 관심이 있고 집중하고 있음을 암시한다.

이것이 진정한 서비스다

성실한 안내자

: 끝까지 친절하고 성실한 자세로 응대한다.

승객이 편안한 마음을 가질 수 있도록 밝은 표정으로 소리 내어 인사하자!

- 거울을 보면 다양한 웃는 표정을 연습하고, 항상 의식적으로 양볼 입꼬리를 살짝 올려 눈과 입이 동시에 웃는 연습을 반복하자. 나는 멋있는 사람이다, 나는 멋지고 아름다운 사람이다!
- 눈을 맞추고 먼저 인사하며 빠르지 않고 분명하게 하여 승객으로 하여금 호감을 느끼도록 하자. 승객과 나는 지금 이 차를 타고 함께 세상을 개척하러 나가는 동료이다!
- 운행 중 주의를 살피되, 정차 시 탑승하는 승객에게 눈을 맞추며 인사하고 하차하는 승객에게도 감사의 인사를 잊지 말자. 진정한 프로는 섬세한 부분까지 케어한다!
- 외국인 승객 승차 시 미소와 목례로 인사하며, 하차 시 룸 미러를 통해 내리는 승객을 확인하고 눈이 마주치지 않더라도 거울로 반드시 미소를 전달하자. 주고받는 미소 속에 싹트는 자신감이 있다!

버스와 택시는 인사를 건넬 때 약간의 차이점이 있음을 명시해 두고자 한다.

버스 승무사원의 경우 승객이 탑승했을 때 요금을 찍으면서 바로 눈을 마주치고 인사하지만, 택시 승무사원은 승객이 완전히 자리에 착석한 후 고개를 돌려 인사한다. 어떤 방식이든, 승객이 배려와 정중함을 느낄 수 있도록 바른 태도와 자세를 유지하자!

특히, 택시 승무사원의 경우, 하차 시 공손하게 현금이나 카드를 받는 자세가 마지막까지 깊은 인상을 줄 수 있음을 유념하자. 예를 들어 "여기 계산이요." 하고 현금이나 카드를 주었을 때 묵묵히 받지 말고 "예~" 하고 낮고 친절하게 대답하면서 감사의 인사를 하며 손을 내미는 것은 어떨까?

공통적으로, 승무사원은,

- 승객의 요청에 대하여 신속 정확하게 대응하고
- 업무에 대한 정확한 지식을 보유해 각종 이례상황에 즉각 대처하며
- 운행 중 휴대폰을 보거나, 손목시계 확인 등을 하지 않고 안전벨트를 맨 상태에서 허리를 곧게 펴고 팔을 펴서 핸들을 잡고
- 대기 중에는 등과 허리, 가슴을 곧게 펴고 시선은 정면,

손은 앞 또는 옆으로 바르게 정리하며

- 시간, 장소, 상황, 상대에 맞는 정중하고 세심한 서비스

  제공 노력할 것이 요구된다!

그것을 갖춘 당신은 이미 최고의 승무사원!!!

1-2-3의 법칙!

1초간 눈을 마주치고, 2초간 미소 지어요. 3초간 어서 오세요 하고 인사해요.

이제, 승무사원에게 꼭 필요한 팁을 마지막으로 제시하고자 한다. 바로 지치고 피로할 때 졸음운전을 방지하는 방법이다.

| 졸음운전을 방지하는 효과적인 방법들

❶ 목적지 또는 기점이나 종점에 도착하면 휴식 시간을 이용하여 스트레칭을 하여 피로를 풀어주는 것이 좋다.

❷ 운전석의 환기를 자주 하고, 심호흡이나 단전호흡 등을 하는 것도 도움이 된다.

❸ 당분이 든 음료를 너무 마시면 졸음을 유발하니 박하가 든 껌을 씹는다.

❹ 방향제나 이온 청정기 등의 지나친 사용은 삼가는 것이 좋다.

❺ 운행 전날은 충분히 쉬고, 취침 전에 과다한 수분 섭취

이것이 진정한 서비스다

는 하지 않는다.

❻ 감기약 등 졸음을 유발할 수 있는 약물을 복용 시에는 운전을 해야 한다는 전제하에 처방받는다.

❼ 순정품 사용 등 차량정비관리를 철저히 해서 지나치게 유연한 차체진동이나 유해한 공기나 엔진오일 등의 연소가스가 운전석으로 유입되는 것을 차단한다.

안전운전의 마음가짐과 서비스정신의 마음가짐은 상통한다. 항상 주의를 기울이고, 배려하려는 마음과 준비된 자세가 필요하다는 점에서 그렇다. 꼭 지켜야 할 안전수칙 등을 늘 숙지하고, 도로상황과 승객들의 안전을 점검하며 쾌적한 운행을 하자. 이와 같은 사항을 지키면 안전운전을 이뤄낼 수 있다!

운전피로를 푸는 간단한 스트레칭!

장시간 운전 시, 등받이는 90도 각도로 세우고 엉덩이는 뒤로 바짝 밀착시킵니다. 운전대와의 거리는 발로 클러치를 밟았을 때 무릎이 약간 굽혀지는 정도가 좋습니다.

| 목운동

(1) 양손을 깍지 껴 아래로 지긋이 눌러줍니다.

(2) 엄지손가락을 턱에 대고 위로 천천히 밀어줍니다.

(3) 머리에 손을 얹은 후 옆으로 천천히 당겨줍니다.

| 어깨운동

(1) 양쪽 어깨를 지긋이 올렸다가 내립니다.

(2) 천천히 원을 그리며 어깨 관절을 돌려줍니다.

(3) 팔꿈치를 몸 쪽으로 천천히 당겨줍니다.

이것이 진정한 서비스다

| 팔목운동

(1) 손가락을 깍지 끼고 손과 손목을 돌려줍니다.

(2) 다섯 손가락을 쫙 폈다 구부렸다를 반복합니다.

(3) 한쪽 손은 뒤로 젖히고 천천히 당겨줍니다.

| 허리운동

(1) 양손을 깍지 끼고 머리 위로 천천히 뻗어줍니다.

(2) 등 뒤로 깍지 끼고 팔을 위로 올려줍니다.

(3) 다리를 꼬고 앉아 허리를 비틀어줍니다.

 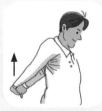 

Part 04

버스 승무사원 서비스의 ___ ___ 모든 것

이 장에서는 승객들이 버스를 탈 때 어떤 버스 승무사원을 좋게 보았는지, 그리고 어떤 승무사원은 나쁘게 보았는지 실제 사례를 통해 '버스 승무사원의 서비스 정신'에 대해 이야기하는 시간을 갖는다. 우리는 아래 사례들을 살펴보면서 공통적인 사항을 발견할 수 있을 것이다.

먼저 많은 시민들의 칭찬을 받은 긍정적인 사례를 보도록 하자.

이것이 진정한 서비스다

1. 밝은 인사, 밝은 인상!

A는 늘상 하던 대로 버스를 타고 출근하는 중 기분 좋은 경험을 했다. 버스를 운전하는 승무사원이 자신을 포함하여 승객들이 타고 내릴 때마다 "안녕하세요.", "감사합니다."라고 말하며 친절한 미소로 승객들에게 인사를 하는 것이다. 그는 출발 전에 "출발합니다." 하고 꼬박꼬박 말했고, 그 전에 "손잡이를 꼭 잡아주세요."라고 당부하는 것도 잊지 않았다. 승객들이 내릴 때는 "안녕히 가십시오." 라고 인사하고, 노인분들이 내릴 때는 "천천히 내려도 됩니다." 하며 배려하는 모습을 보였다. 그의 용모 또한 깔끔하고 단정했다.

B는 평소보다 날씨가 더웠는데 버스가 늦게 와서 짜증이 나 승무사원에게 따졌다. 그런데 이 사람은 퉁명스럽거나 화를 내기는커녕 "죄송합니다. 오늘이 배차 간격이 먼 날입니다. 기다리게 해서 죄송합니다."라고 정중하게 응답하여 주었다. B의 기분은 한층 누그러졌다.

위의 사례들에서 우리가 배울 수 있는 것이 무엇일까? 바로 '작지만 따뜻한 배려'가 담긴 '좋은 인사와 태도'다. 바쁜 현대인들에게 있어서 언뜻 타고 내리며 건네는 인사는 큰 인상을 주지 못할 것 같지만, 오히려 그 사소함 때문에 마음을 두드리며 값진 빛을 발한다. 아무 기대도 하지 않던 상태에서 작지만 소중한 선물을 받는다면 얼마나 기분이 좋을까? 앞장에서 설명한 소확행을 기억하라. A승객과 B승객은 둘 다 해당 일을 한 승무사원을 남다르게 느꼈다. 승무사원으로서, 단순히 사람들을 목적지까지 태워주는 것이 전부라고 생각하지 말고 승객들의 기분을 쾌적하게 해주는 것도 소양이라고 생각하자. 타고 내리는 승객들에게 웃는 얼굴로 인사를 건네자. 무뚝뚝하게 그냥 지나치는 사람도 있을 것이지만, 분명 그 진가를 알아봐 주는 사람도 존재한다. 작은 인사가 한 사람의 하루를 상쾌하게 바꾸어 줄 수 있다.

좋은 인사는 어떤 인사일까?

| 기분 좋은 인사

- 상대를 바라보며 웃는 얼굴로 하는 인사

- 인사를 받을 때 좀 더 반갑게 응대하는 태도

이것이 진정한 서비스다

| 좋지 않은 인사

- 고개만 까딱하기

- 상대를 힐끗 보며 말하기

- 무표정하거나 화난 얼굴로 말하기

- 인사를 받을 때 간단한 대답으로만 일관하기

　승무사원의 인상은 매우 중요하다. 단지 인사만 잘하는 것이 아니라, 단정한 복장 및 깔끔하고 프로페셔널한 태도를 보여 승객들에게 안정감을 제공하는 것도 승무사원의 의무 중 하나다. 항상 출근 전에 머리 및 옷차림을 정리하고, 버스 내부를 청결한 상태로 유지하고 출발하도록 하자.

　뒤에서도 더 살펴보겠지만 '좋은 인사'를 건네는 것은 곧 승객에게 '배려'와 '존중'을 전해 줌을 의미한다. 승객들은 많은 것을 원하는 것이 아니다. '인간 대 인간'으로서의 따뜻함과 친절에 감동하고, 매몰차고 성급하거나 폭력적인 언행에 마음의 문이 닫힌다. 좋은 서비스를 제공하고 싶다면, 사람의 마음을 이해하려는 시도가 있어야 한다.

배차 간격 때문에 버스가 늦어져 손님이 불만을 표출하는 경우에도 퉁명스럽게 답하지 않고 조근 조근 친절하게 사과를 하고 설명을 하는 사례에서 작은 친절과 배려, 인사가 손님의 마음을 건드리고 화를 눈 녹듯 사라지게 함을 알 수 있듯이 승하차를 하고 목적지로 향하는 순간이 길든 짧든 이러한 짤막한 배려가 승객의 마음을 내내 편안하게 한다.

이것이 진정한 서비스다

2. 안전을 위한 배려가 최고의 배려

A는 아이를 데리고 버스에 탑승하려 했다. 승무사원은 아이가 완전히 자리에 앉을 때까지 버스를 출발시키지 않았고, 내릴 때도 "미리 서 있을 필요 없으니 완전히 정차 후에 움직여도 됩니다."라고 친절하게 이야기했다. 아이에게 뿐만 아니라 모든 승객들에게 그러하였다. 승객이 내릴 때도 완전히 다 내린 것을 확인한 후에야 문을 닫았다.

B는 버스에 타고 급출발 할 것을 예상하여 잠시 안전대를 잡고 서 있기로 했다. 그런데 승무사원은 백미러로 그를 보면서 "자리에 앉아도 됩니다."라고 말했다. 다른 승객이 탔을 때도 승객이 완전히 앉았거나 자리가 없을 경우 안전대를 잡기까지 기다린 후 출발했다.

C는 인상 깊은 경험을 했다. 그가 탄 버스의 승무사원은 결코 과속운전을 하지 않았고 매우 부드럽게 운전을 했다. 중간에 음료수를 들고 타는 승객이 있었는데, 안정상 안 된다고 정중히 거절하였다.

앞 장에서도 설명하였지만 안전한 운행은 곧 좋은 서비스와 직결된다. 승무사원으로서 해서는 안 될 사항이 바로 급정차, 급출발과 난폭한 운전이다. 이를 지키지 않을 경우 승객은 내리거나 탈 때, 탑승 중에 늘 긴장을 하고 있어야 한다. 급하게 내리려고 서두르다가 다른 승객과 부딪히거나 넘어지는 사고로 이어지기도 한다. 승하차 시 승무사원에게 많은 시간을 요하는 것이 아니다. 아주 잠깐, 몇 초 정도의 간략한 시간 동안만이라도 여유를 가지고 승객이 완전히 타거나 내릴 때까지 기다리자. 승객이 타면 자리에 착석했는지, 손잡이를 제대로 잡았는지 확인 후 천천히 출발하고, 마찬가지로 승객이 하차할 시에도 완전히 문에서 내릴 때까지 기다렸다가 문을 닫는다. 종종 서두르다가 승객이 문에 끼이는 사고가 발생할 시 책임은 승무사원에게 돌아간다. 물론 승객이 탑승한 후, "손잡이 잡아주세요~", "다 앉으셨습니까~" 하고 확인 멘트를 날려 준다면 더욱 좋다. 승객은 그런 짧은 인사에 보호받고 있다는 안정감을 느낄 것이고, 훨씬 기분 좋게 탑승할 수 있을 것이다.

커피 등 음료를 들고 타는 손님을 정중히 거절한 부분에 있어서는 다음과 같은 규례를 따를 필요가 있다.

버스 내에 반입 금지 및 허용되는 음식물의 구체적인 기준

가벼운 충격으로 인해 내용물이 밖으로 흐르거나 샐 수 있는 음식물이나 포장되어 있지 않아 차 내에서 먹을 수 있는 음식물을 가지고 타는 승객은 운전자가 운송을 거부할 수 있도록 세부 기준을 세웠습니다.

일회용 포장 컵에 담긴 음료나 얼음 등 음식물, 일회용 컵에 담긴 치킨, 떡볶이 등 음식물, 여러 개의 일회용 컵을 운반하는 용기 등에 담긴 음식물, 뚜껑이 없거나 빨대가 꽂힌 캔, 플라스틱 병 등에 담긴 음식물 등은 반입이 금지됩니다.

반면 종이상자 등으로 포장된 치킨, 피자, 등 음식물, 뚜껑이 닫힌 플라스틱 병 등에 담긴 음료, 따지 않은 캔에 담긴 음식물, 밀폐형 텀블러 등에 담긴 음식물, 보온병에 담긴 음식물, 비닐봉지에 담긴 채소, 어류, 육류 등 식재료와 시장 등에서 구입, 운반하는 소량의 식재료 등은 들고 탈 수 있습니다. 하지만 버스 안에서 음식물을 먹기 시작하면 운전자는 승객을 하차시킬 수도 있습니다.

이와 같이 서울시의 '시내버스 음식물 반입금지' 세부기준 내용에 따르면 '가벼운 충격으로 인해 내용물이 밖으로 흐르거나 샐 수 있는 음식물'과 '포장되어 있지 않아 차 내에서 먹을 수 있는 음식물'은 운전자가 반입을 금지할 수 있다.

서울시에서 정한 기준인 만큼 지키는 게 맞으나, 기준이 애매하고 승객과 마찰도 있을 수 있으니 심하게 다른 승객에게 불쾌감을 주지 않는다면 재량에 따라 판단하는 것이 좋겠다. 엄격한 규정만 고집하는 것은 승객과의 마찰은 물론 운행에 차질이 있을 가능성도 배제할 수 없기 때문이다.

도로의 사정을 늘 주시하고 살피며 사고가 나지 않도록 조심하고 기본 수칙을 지켜 운행한다면 언제나 쾌적한 운행이 된다. 조금만 인내심을 가지면 승객과 사원 모두가 편안하다. 뭐가 그리 급한가! 이왕 운전하는 것 서로서로 여유 있고 즐겁게 가도록 하자. 당신의 작은 배려가 손님의 하루를 만들 수 있다.

이것이 진정한 서비스다

반입 금지	반입 허용
▶ 일회용 컵에 담긴 뜨거운 음료나 얼음 등 음식물 ▶ 일회용 컵에 담긴 치킨, 떡볶이 등 음식물 ▶ 여러 개의 일회용 컵을 운반하는 용기에 담긴 음식물 ▶ 뚜껑이 없거나 빨대가 꽂힌 캔, 플라스틱 병 등에 담긴 음식물	▶ 종이상자 등으로 포장 된 치킨, 피자 등 음식물 ▶ 뚜껑이 닫힌 플라스틱 병 등에 담긴 음료 ▶ 따지 않은 캔에 담긴 음식물 ▶ 밀폐형 텀블러 등에 담긴 음식물 ▶ 보온병에 담긴 음식물 ▶ 비닐봉지 등에 담긴 채소, 어류, 육류 등 식재료 * 시장 등에서 구입, 운반하는 소량의 식재료등

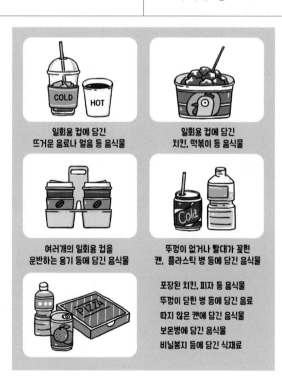

일회용 컵에 담긴
뜨거운 음료나 얼음 등 음식물

일회용 컵에 담긴
치킨, 떡볶이 등 음식물

여러개의 일회용 컵을
운반하는 용기 등에 담긴 음식물

뚜껑이 없거나 빨대가 꽂힌
캔, 플라스틱 병 등에 담긴 음식물

포장된 치킨, 피자 등 음식물
뚜껑이 닫힌 병 등에 담긴 음료
따지 않은 캔에 담긴 음식물
보온병에 담긴 음식물
비닐봉지 등에 담긴 식재료

3. 잃어버린 것을 찾으며 훈훈함도 찾아 주자!

A는 버스에 핸드폰을 두고 내려 급히 전화를 했다. 버스 안에 있던 승무사원이 받았고, 핸드폰을 돌려줄 테니 자신이 운행하는 경로 중 원하는 곳으로 오거나 버스 차고지로 오면 전달해 주겠다고 하였다. A는 크게 감사하며 핸드폰을 찾을 수 있었다.

B는 버스 안에 지갑을 두고 내려서 급히 버스 회사에 전화를 했으나 발견된 물품이 없다는 말에 포기를 하고 있었다. 그런데 하루가 지나고 승무사원이 분실된 지갑을 신고하였다고 연락이 왔다. 지갑 안에는 모든 카드와 현금이 고스란히 들어 있었다.

당연한 말이겠지만 버스나 택시 내에서 분실 사고는 흔히 발생한다. 서둘러 내리다가 떨어트리거나, 다른 생각에 집중하다가 놓고 내리는 경우다.

당연히 이런 서비스는 승객에게 큰 감동을 안겨 준다. 특히나 승무사원 쪽에서 먼저 연락하여 찾게 되면 더욱 그렇다. 잃어버린 물건을 다시 되찾게 해 주는 마음 씀씀이가 얼

　　　　　　　　　　　이것이 진정한 서비스다

마나 고맙겠는가? 직접 찾아가서 전해 주는 것까지는 하지 못하더라도, "몇 시에 어느 정거장으로 나오세요."라든가 "어느 차고지에 맡겨 두겠습니다." 정도의 배려를 발휘해 보자. 이때, 승객이 불안해하지 않도록 너무 외딴 곳으로 부르지 않는 센스가 있다면 더욱 좋다.

다음과 같은 규정을 알고 있다면 승객에게 도움을 줄 수 있다.

시내버스 분실물은 시, 군별로 버스운송조합이나 분실물 종합센터에서 관리하고 있고, 7일이 지나면 경찰서로 이관되고 일정한 시간이 지나면 현금은 국고에 귀속되고 물품은 습득자에게 반환되거나 기부 또는 폐기된다.

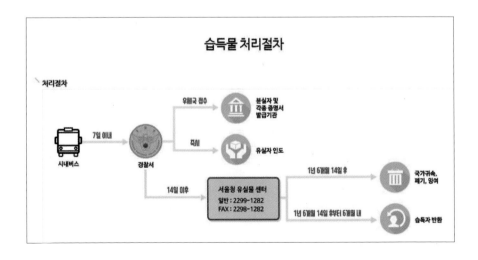

4. 알아서 챙겨 주는 나는 그대의 일등 신사!

A는 만삭의 임산부이다. 버스나 지하철 등에 임산부석이 있어도 양보하지 않는 사람들이 있어 앉아 가기는 쉽지 않다. 그런데 어느 날, 버스를 탔는데 승무사원이 그녀가 임산부임을 알고, 차내 승객들에게 큰 소리로 "임산부 님을 위해 자리를 비워 주세요!"라고 말하는 것이다. 그녀는 덕분에 편하게 만원 버스에서 앉아 갈 수 있었다.

B는 몸이 조금 불편하다. 그날도 약간 기우뚱거리며 버스를 탔는데, 승무사원이 그를 보고 "조금 몸이 불편하신 분이 타셨으니 자리를 양보해 주세요~"라고 말하였다. 그는 큰 감동을 느끼며 그에게 고맙다고 말했다.

이런 사례는 승객으로서 쉽게 접할 수 없는 고품격 서비스다. 임산부나 장애인과 같이 거동이 불편한 승객이 탑승했을 때, 자리가 비어 있지 않거나 솔선수범하여 비켜 주는 사람이 없다면 먼저 나서서 양해를 구하자. "죄송합니다만 이분에게 자리를 양보해 주지 않으시겠습니까?"라고 말하면 된다. 양보한 승객에게는 반드시 "고맙습니다."라고 사례의 말을 하는 것도 잊지 말자! 이러한 행동은 받는 사람뿐만 아니라 지켜보는 사람들에게도 훈훈한 감동을 전한다. 이 정도까지 할 줄 안다면 당신은 이미 최고의 승무사원이다.

C는 유모차를 끌고 버스에 타기 위해 준비하고 있었다. 그녀를 발견한 승무사원은 "힘들게 앞문으로 유모차를 들고 타지 말고 뒷문으로 타라"고 하며 슬로프를 내려주었다.

위와 같은 사례처럼 유모차를 안고 타는 엄마들을 위해 슬로프를 내려 주는 친절함을 발휘하는 것도 훌륭한 승무사원의 정신이다. 아이 때문에 지친 엄마들을 위해 이렇게 배려해 주는 선의를 보이자. 예민한 아이들을 위해 서두르지 않고 천천히 탑승할 수 있도록 해 준다면 엄마와 아이에게 큰 도움이 될 것이다.

D는 어린 아들 셋과 함께 버스를 탔다. 평상시에 아이들을 챙기느라 정신이 없었는데, 짐까지 많아서 아이들을 하나하나 버스에 태우기 힘들었다. 그것을 눈치 챈 승무사원이 자리에서 일어나 "아이를 안아서 태워 드릴까요?" 하고 먼저 정중하게 물었다.

이 이야기 또한 마음이 찡해지는 훈훈한 사례다. 엄마뿐만 아니라 아이까지 배려하는 마음이 실로 감동스럽다. 이렇게 아이와 엄마를 동시에 배려하는 마음은 항상 침착하고 여유로우면서도 준비된 자세에서 나온다. 조바심을 내거나 화를 내고 투덜거리는 태도에서는 이런 배려가 나올 수가 없다. 자신도 편안하고 상대도 편안하게 하는 서비스는 간단한 것이면서도 쉽지 않다. 그러나 먼저 생각하고 배려하고 승객을 위해 마음을 내어 주는 습관, 승객의 입장에서 생각하는 습관을 기르도록 노력한다면 결국 습관이 되어 자연스럽게 배려의 행동이 나오게 된다.

이것이 진정한 서비스다

5. 장애인을 위한 가장 기초적인 배려

A는 장애인이다. 장애인이 탈 경우 투덜거리는 승무사원
이 있는데, 오늘은 달랐다. 버스에 탈 때도 아무 말 없이 슬
로프를 내려주었고, 내릴 때도 미리 "여기에서 내립니다."
라고 하니 "네." 하고 대답한 후 다시 슬로프를 내려 그가 완
전히 내릴 때까지 기다려 주었다. 퉁명스러운 기색은 없었고
목소리는 따뜻했다. 심지어 그는 장애인 자리까지 인도하여
준 후 차를 출발시켰고, 내릴 때도 직접 일어서 도와주었다.

장애인은 부족하기에 덜 대우받아야 하는 이들이 아니라 더 나눠받아야 할 사람들이다. 간혹 이 사실을 잊고 사는 사람들이 있는데 이는 그들에게 큰 상처다. 승무사원은 시민을 위해 일하는 봉사직이다. 장애인들도 마땅히 시에서 정책한 대우를 받을 자격이 있다. 장애인을 위해 설치된 시설은 꼭 사용하도록 하고, 비장애인 승객들보다 더 섬세한 배려를 통해 그들의 안전을 지키자. 이는 배려 이전에 마땅히 지켜야 할 의무임을 잊지 말자. 이와 비슷하게 몸이 불편한 승객이나 노인이 타고 내릴 때는 "발조심 하십시오. 괜찮습니까. 출발하겠습니다.", "계단이 미끄러우니 조심하세요."와 같이 말을 전한다.

　이것이 진정한 서비스다

6. 당신의 내비게이션, 어렵지 않아요

　A는 처음 서울로 올라와 버스를 타고 나서도 길을 잘 알수가 없었다. 조심스레 승무사원에게 처지를 설명하니 차근차근 길을 알려주었다. 도착지에 내릴 때도 "여기서 내려서 어디어디로 쭉 가면 됩니다."라고 안내했다. 이 승무사원은 다른 승객들에게도 친절하고 혼선이 오지 않게 설명을 해주었다. 심지어 택시를 타야 한다고 하는 승객에게는 기본요금이 나오는 곳까지 알려주었다.

　이 서비스 일화들 역시 승객이 받을 수 있는 멋진 대우 중 하나다. 단순히 '오고 가는' 버스의 역할을 넘어서 직접 '승객을 원하는 목적지로 데려가 주겠다'는 마음가짐을 보이고 있다. 간혹 가는 길이나 정차하는 곳을 물어봤을 때 쌀쌀맞게 대우하는 승무사원들이 있는데 자신이 알고 있는 한에서는 친절하게 대답해 주자. 특히 초행이라 길을 잘 모르거나 버스 노선이 혼잡한 경우 승객은 혼란을 겪을 수 있다. 버스 승무사원의 제1의 의무가 바로 승객과 목적지의 연결이다. 이러한 신조를 마음 깊이 새기고 있다면 결코 사소한 친절이 귀찮지 않을 것이다.

7. 손님이 당황하지 않도록 배려하는 센스!

A는 버스를 타고 난 뒤에야 카드와 잔돈이 없다는 것을 깨달았다. 그냥 내리려는 A에게 승무사원은 친절하게 만 원짜리를 잔돈으로 바꿔주었다.

B는 버스를 타고 가던 중 몸이 안 좋아 쓰러지고 말았다. 승무사원은 그를 병원까지 이송하고 보호자와 연락할 수 있도록 도와주었다.

위와 같은 사례는 손님이 쉽게 당황할 수 있거나 위급 상황이 닥쳤을 때 침착하게 대응하는 승무사원의 자세를 보여 주고 있다. 당황하지 말고 손님의 입장과 처지를 배려하는 마음 씀씀이는 큰 감동으로 다가올 것이다.

우리는 이와 같이 긍정적인 승무사원의 서비스 사례를 통해 한 가지 공통적인 요소를 발견할 수 있었다. '호감은 아주 사소한 친절에서 비롯된다'는 사실이다. 위의 사례에서 승무사원들은 거창하고 화려한 서비스를 하지 않았다. 누구나 해 줄 수 있지만, 귀찮아서 혹은 사소하다고 여겨 쉽게

이것이 진정한 서비스다

행하지 않을 수 있는 서비스를 하였다. 승객을 밝은 미소로 맞이하고 인사를 건네는 것은 많은 승객들에게 큰 감동을 주었다. 기본적인 안전 수칙을 지켜 운행하는 것과, 장애인과 임산부를 위한 기초적인 배려 역시 큰 노력을 들이지 않고도 행할 수 있는 것들이었다. 승무사원으로서 어떤 거창한 서비스를 해야만 승객들의 마음에 들 수 있을 거라는 부담감을 지워 버리자. 실제 사례를 통해 알아보았듯이 전혀 그렇지 않기 때문이다. 기본을 지키며 약간의 배려를 곁들이는 것이 일등 승무사원으로 갈 수 있는 넘버원의 길이다.

이번엔 많은 승객들의 지탄을 받은, 부정적인 승무사원의 예를 알아보도록 하자. 과연 어떤 행동들이 승객들의 눈살을 찌푸리게 했을까? 긍정적 사례와 정반대되는 예들을 발견할 수 있다.

1. 막말과 반말은 권리가 아닙니다

A는 운전 중에 욕을 하거나 과격하게 운전하는 승무사원을 제일 싫어한다. 어떤 승무사원은 출발하는 버스를 타기 위해 열심히 뛰어갔더니 대놓고 면박을 주기도 했다. 손잡이를 잡기도 전에 "손잡이 잡아! 잡으라고요!" 하고 험악한 목소리로 성질을 내는 경우 화도 나고 무섭다. 내리기 전 미리 일어났는데 "일단 앉아!"라고 협박조로 이야기하는 승무사원도 마찬가지다.

B는 평소처럼 버스를 타고 현금으로 요금을 내고 앉으려는데, 대뜸 승무사원이 "야" 하고 반말을 하며 돈을 덜 냈다고 하였다. B는 자신이 돈을 정확히 넣었는지 확신할 수는 없었지만, 그가 자신이 반말로 명령하는 모습에 화가 났다.

이것이 진정한 서비스다

C는 시외버스를 타고 승차권을 냈다. 그런데 잠시 후 승무사원이 와서 받지 못했다고 하는 것이 아닌가. 분명히 주었다고 했는데도 그는 안하무인으로 "공짜로 타려는 것 아니냐"면서 의심을 했다. 나중에서야 그가 승차권을 가져간 것을 확인할 수 있었으나, 그는 끝까지 사과를 하지 않았다.

이 사례들은 우리가 앞에서 살펴보았던 긍정 사례들과 정확히 반대인 태도를 보여 주고 있다. 버스 승무사원들이 절대 하지 말아야 할 것이 바로 '폭력적, 불친절한 언행'이다. 승객의 나이를 불문하고 존댓말을 써야 하는 것은 기본 중의 기본이다. 이를 어기고 더 심하게 욕설을 하는 경우는 언어폭력으로 고소를 당할 수도 있는 부분이다. 무슨 일이 있어도 승객에게 험한 말을 하거나 위협적인 태도를 보여 불안감을 초래해서는 안 된다. 폭언보다 덜하다고 해도 승객에게 함부로 반말을 하고 툭툭 던지듯이 명령하는 태도도 결코 좋지 못하다. 나이가 어리든 많든 꼭 존댓말로 의사소통을 하여야 한다. 체크 사항이 있을 때는 정중하게 승객에게 양해를 구하고, 본인이 실수한 경우엔 사과를 한다. 일상생활에서도 지켜야 할 기본 수칙을 버스 안이라고 해서 제왕처럼 군림하며 어기지 않도록 한다.

이와 마찬가지로 도로 주행 중 간혹 앞차가 끼어들거나 하는 경우에 신경질을 티내거나 욕설을 내뱉는 경우가 있는데, 이 역시 하지 말아야 할 언행이다. 승무사원 역시 당황하고 화가 났겠지만 뒤에서 듣고 있는 승객 역시 불안하기 때문이다.

2. 무뚝뚝하고 차가운 태도에 승객도 춥다

A는 그날따라 버스가 늦게 오기에 버스에 탄 후 정중하게 "오늘따라 늦었네요."라고 승무사원에게 말을 걸었다.

이것이 진정한 서비스다

승무사원은 그래서 어쩌라는 식으로 그를 노려보고 아무 말도 없이 차를 출발시켰다.

B는 버스를 타기 위해 지갑을 뒤적거리다가 돈이 부족함을 깨달았다. 죄송하다는 말을 건네고 도로 내리기 위해 "죄송합니다 아저씨."라고 운을 떼는 순간 승무사원은 "내려."라고 한마디를 하고 그를 쳐다보지도 않았다.

C는 친구와 즐겁게 이야기를 하면서 버스를 타고 가고 있었다. 그런데 잠시 후 승무사원이 "시끄러우니 조용히 좀 하라."고 퉁명스레 말을 던졌다. 죄송하다고 하고 작은 목소리로 이야기했으나, 그는 다시 "이야기하지 말라"고 면박을 주었다.

폭언을 하지 않았지만 역시 승객에게 차가운 태도를 보이는 다른 사례다. 첫 번째 경우 승객이 질문을 하였는데도 무시하는 것은 큰 불쾌감을 줄 수 있다. 배차 시간이 늦었다면 사정을 설명하여 승객이 납득할 수 있도록 해야 한다. 두 번째 경우에서도 승객이 말을 끝내기도 전에 판단하여 승차 거부를 하는 행동 역시 당혹스럽다. 말이 끝나기를 기다렸다가 대답하고, 설령 돈이 없어서 탈 수 없는 경우라 하더라도 그토록 무례하게 "내리라"고 말하는 것은 옳지 못하다. 세 번째 경우 역시 운행에 방해가 될 정도로 시끄러웠다면 "죄송한데 운행하는 데 잠시만 조용히 해 주시겠어요?" 혹은, "미안합니다. 다른 손님에게 피해가 되므로 조용해 주십시오."라고 최대한 정중하게 대응하도록 한다.

3. 부탁은 친절히, 실수는 사과를

A는 버스를 타고 카드를 분명히 찍었다. 그런데 무슨 이유인지 승무사원이 재차 카드를 찍기를 요구했다. 그는 자

이것이 진정한 서비스다

신이 카드를 태그했다고 했으나, 승무사원은 화를 내면서 다시 찍으라고 크게 말했다. 확인 결과 카드는 잘 찍힌 것으로 드러났으나, 그는 끝까지 사과하지 않고 출발했다.

운행 중 카드가 제대로 태그되었는지 확인해야 할 경우, 정중하게 "죄송한데 잠시만 다시 와 주셔서 확인 좀 할 수 있겠습니까"라고 말을 한 뒤 승객이 불쾌하지 않게 행동해야 한다. 확인이 끝난 다음에는 "예~ 확인되었습니다."라고 말한다. 이렇게만 행동해도 승무사원이 잘못 판단한 경우에도 승객은 별 생각 없이 자리로 돌아갈 것이다. "제가 잘못 알았네요. 죄송합니다." 하고 정중히 덧붙이는 것도 좋다. 재차 강조하지만 무례한 태도로 인하여 상처를 받는 것이지, 다시 재확인을 하여야 한다고 화가 나는 것이 아니다.

4. 통화는 간단하고 조용히!

A는 버스를 타는 동안 황당한 경험을 했다. 승무사원이 전화를 하는데 스피커를 킨 상태로 오랫동안 큰 소리로 이야기를 하는 것이다. 안전문제는 둘째 치고 그의 사적인 이야기까지 알게 되는 것이 못내 찝찝했다.

승객이 조용한 승차를 원하는데 방해를 받아 불편함을 느
낀 사례다. 물론 운전 중 전화통화도 안정상 좋지 않다. 이
외에도 크게 음악을 틀어 놓는 행위, 특정 종교방송을 듣는
행위 역시 불편하다는 의견이 많다. 라디오나 시디 음악은
자제하도록 하고, 통화 역시 작은 목소리로 빨리 끝내도록
한다. 사적인 이야기를 크고 거친 소리로 오래 듣는 것도 스
트레스가 될 수 있음을 명심하자.

5. 묻지도 따지지도 말라?

A는 버스에 타면서 확인차 "여기여기로 가는 게 맞지
요?" 하고 승무사원에게 물었다. 승무사원은 인상을 구기
면서 "글도 못 읽어요? 밖에 써 있잖아요." 하며 투덜댔다.

B는 버스카드로 친구를 포함해 두 명의 몫을 찍은 후, 혹
시나 하여 "잘 찍혔느냐"고 물었다. 그러나 그는 왜 그런
걸 일일이 묻느냐는 듯한 차가운 눈빛으로 그를 바라볼 뿐
이었다.

C는 타기 전 목적지를 말하고 그곳으로 가냐고 미리 승

무사원에게 물었다. 승무사원은 간다고 대답했다. 그런데 목적했던 곳으로 가지 않았고, 당황하여 말하자 욕을 하며 알아서 가라고 하였다.

　간혹 어떤 승무사원들은 승객이 무언가를 묻는 것을 매우 귀찮아하는 경우가 있다. 조심스러운 성격의 승객일 경우 카드 태그 여부나 행선지에 대해 묻는 것은 나쁜 일이 아니다. 조금만 신경을 써서 확인을 해주고 안심하고 탑승할 수 있도록 하자. 또, 승객이 원하는 노선이 아닌 경우 고개만 젓고 떠나지 말고, 아는 바가 있다면 "몇 번 버스를 타면 된다."고 친절히 알려주도록 하자. 여기서 잠깐 미담 하나를 소개하자면, 한 승무사원은 버스에 승차한 노부부가 뒤늦게 "어디어디로 가냐."고 묻자 "버스를 잘못 탔다."고 말하고, 도중에 행선지로 가는 버스가 보이자 그 차량에 정차 신호를 보내어 역 앞에서 잠시 정차시킨 후 먼저 차에서 내려 노부부를 버스까지 안내해 환승조치를 취해 주었다. 이 내용은 인터넷 신문기사에 실리기도 하였다. 승무사원이 베풀 수 있는 작은 선행이 가슴을 훈훈하게 한 일화다.
　혹시라도 실수로 승객에게 행선지를 잘못 알려준 경우,

즉시 사과하고 다시 제대로 된 목적지를 알려 주고 목적지와 최대한 가까운 정류장이 노선 중에 있으면 그곳에 정차해 주도록 하되 승객이 요구하거나 필요하다면 요금을 환불해 주는 게 당연하다.

6. 운행 중과 승하차 시에는 깃털처럼 조심스럽게

A는 버스를 타다가 미처 다 타지도 않았는데 승무사원이 급히 버스를 출발시키는 바람에 문에 몸이 낀 채로 질질 끌려갈 뻔했다. 그는 뻔뻔하게도 사과도 하지 않고 "왜 느리게 탔느냐."며 타박을 했다.

B는 떠나는 버스를 잡기 위해 급하게 버스에 손과 발을 집어넣었다. 승무사원은 그를 보지 못하고 문을 닫았다. 크게 놀랐지만 그는 달려와서 무리하게 승차한 B가 잘못했다며 욕을 했다.

C는 도착지에 가까워지자 미리 벨을 누르고 버스가 완전히 멈출 때까지 일어나지 않았다. 그러나 승무사원은 금세 문을 닫아버렸고, 오히려 그에게 "빨리 준비하지 않았다."

며 짜증을 냈다.

　D는 버스가 급정차를 하는 바람에 넘어지고 말았다. 운전
을 잘 해달라고 부탁하자 그는 "넘어진 것은 당신인데 왜 내
가 신경을 써줘야 하느냐."고 적반하장격으로 말을 했다.

　승객들이 승하차 시에 버스 도어의 개폐 타이밍을 맞추지
못하여 끼이는 사고가 발생하는 경우가 있다. 이는 사실 승
객보다는 승무사원이 좀 더 주의해서 체크하지 못한 잘못
이다. 긍정 사례에서 살펴보았듯이, 문을 열고 닫을 때는 항
상 승객이 완전히 올라타고 내린 다음에 닫아야 한다. 실제
로 성급히 문을 닫았다가 내리던 승객이 문에 끼어서 질질
끌려가 사고가 났던 사례도 있다. 이런 일이 발생할 경우 승
객에게도 큰 충격을 주기 때문에 허투루 보거나 빨리 출발
하려고 하지 말고 꼭 확인해야 한다. 실수로 손님이 끼인 경
우에는 반드시 정중한 사과를 하여야 한다.

　또 기본적으로 완전히 차가 정차한 후에 승객이 움직이는
것이 맞다. 이 사실을 늘 상기하고 차가 멈추고 문이 열린
뒤 내리려는 손님이 없는지 항상 예의주시하고 있어야 한
다. 당연히 급정거와 급출발은 해서는 안 된다. 넘어지는 사

고가 발생할 수 있기 때문이다. 천천히 출발하고 천천히 정차하는 것은 안전을 위한 기본 중의 기본 수칙이다. 안전운행을 꼭 해야 하는 것과 더불어 명심해 두도록 하자.

7. 정차할 것이냐 말 것이냐 그것이 문제로다

A는 버스에서 내리기 위해 버튼을 누르고 카드도 찍었다. 하지만 승무사원은 사람들이 없는 정류장을 지나쳐 버렸고, 문을 열어달라는 말도 듣지 않았다.

B는 버스를 타기 위해 정류장에 서 있었다. 저 멀리 신호 대기에 걸린 버스가 보였으나 정류장에 도착할 때까지 기다렸다. 그러나 버스는 정류장을 지나쳐 가버렸으며, 간신히 뒤따라가 탄 후에 왜 정류장에 멈추지 않았느냐고 묻자 신호 대기 때는 왜 타지 않았느냐고 했다.

버스를 타거나 내리려고 기다리고 있는데 문이 열리지 않는 경우보다 황당한 일이 있을까? 미처 벨 소리를 못 들은 것인지, 귀찮아서 일부러 안 내려 준 것인지 승객들은 헷갈린다. 일부 버스 승무사원들은 정차해야 할 역이고 승객이

이것이 진정한 서비스다

기다리고 있음에도 불구하고 횡 하니 역을 지나쳐 버리는
경우도 있다. 당연히 절대 해서는 안 되는 일이다.

다음은 좀 더 복잡한 사례다. 한 번 살펴보도록 하자.

A가 길을 건너서 타야 할 버스 정류장 바로 다음에 몇 미
터 안 가서 신호등이 있다. 마침 버스가 신호 대기에 걸려
있었고, 정류장과 얼마 떨어지지 않은 거리였기에 재빨리
횡단보도를 건너면 버스를 탈 수 있다고 생각했지만, 승무
사원은 정류장이 아니므로 못 태워준다고 하고 그냥 가버
렸다.

*B는 정류장에서 막 떠나기 시작하는 버스를 타기 위해
헐레벌떡 뛰어갔다. 승무사원과 눈도 마주쳤고, 열심히 손
을 흔들었지만 그는 간발의 차로 그냥 가버렸다.*

실제로 정류장 외에는 정차하지 못하도록 되어 있는 것이
법이지만, 의외로 많은 승객들이 융통성을 발휘하지 않는
승무사원들에게 불만이 있었다. 이 부분은 어떻게 처리하면
좋을까?

시내버스나 마을버스 모두 정류장 이외에서는 승객을 승
하차 시킬 수 없다. 정류장을 벗어난 지역에서 사고가 발생
하면 전적으로 운전자 책임이 되기 때문이다.

간혹 승객이 원해 정류장 이외의 장소에서 승하차를 하는
경우가 있는데, 이런 경우는 임의로 행하는 것이고 원칙상
해서는 안 된다. 무정차를 했거나 정류장 내에서 승객을 태
우지 않았다면 문제가 되지만, 정류장 이외의 장소에서 승
객을 태우지 않았다고 문제가 되지는 않는다.

*C는 버스가 여러 대 오기 때문에 줄지어 대기하는 정류
장에서 타야 할 버스를 기다리고 있었다. 마침 버스가 도*

착했으나, 이미 와 있는 버스들 때문에 정류장보다 떨어진 곳에서 정차 중이었다. C는 버스가 정류장으로 올 때까지 기다렸는데, 해당 버스는 갑자기 방향을 바꾸어 그냥 정류장을 지나치려 했다. 당황하여 뛰어가서 버스를 잡았으나 승무사원은 미리 타지 않은 C의 잘못이라고 주장했다.

버스기사도 사람인지라 여러 대의 버스가 정류장에 정차했을 때 맨 뒤에서 승객을 승하차하고 앞에서 그 버스가 오기를 기다리는 승객을 놓치는 경우가 종종 있다. 따라서 정류장에 여러 대의 버스가 정차되어 승하차가 이루어진다면, 뛰어와서 버스를 타는 승객만 보지 말고 앞에서 그 버스가 오기를 기다리는 승객이 없는지 살피는 것이 중요하다.

8. 이 카드가 아니라고!

학생인 A는 실수로 성인용 버스 카드를 구입하게 되었다. 어쩔 수 없이 버스를 탈 때 "학생이요." 하고 태그를 했는데, 승무사원은 왜 학생

이면서 학생 카드를 들고 다니지 않느냐고 면박을 줬다.

막 중학생이 된 B는 교복을 입은 채 버스 카드를 태그했다. 그런데 카드를 만들 때 생일을 입력하여 만든지라 만으로는 아직 열세 살인 B의 카드는 초등학생 요금으로 찍히게 되었다. 승무사원은 화를 내면서 창피를 줬다.

학생이면 학생, 성이이면 성인에 맞게 교통카드를 사용하는 것이 맞다. 가끔 승객이 악용하는 경우가 있어 승무사원에 따라서 카드 부정사용에 대해 민감할 수도 있을 것이다. 그래도 잘못 사용했다면 친절하고 부드럽게 표현해 주어야 한다. 모든 승객에게 부드러운 언어와 경어 사용은 기본이다.
위의 사례에서 가장 잘못된 것은 먼저 기술했듯이 손님에게 반말을 하고 막말을 하는 태도다. 화를 내지 않고 제대로 설명해 주고 다음엔 잘못하지 않도록 고쳐 주는 것이 맞다. 승객이 화를 낸 포인트가 승무사원의 험한 태도 때문이었음을 주목하자.

이것이 진정한 서비스다

9. 이 문이 아니라고 화내지 말아요

A는 만원버스 안에서 입구 쪽에 서 있었다. 내릴 정거장이 다가왔으나 꽉 막힌 사람들을 뚫고 뒷문으로 내리기 쉽지 않아 그냥 앞문으로 내려달라고 승무사원에게 부탁하였다. 하지만 승무사원은 알아서 뒤로 내리라고 하였다. 도저히 그렇게 할 수 없자 마지못해 문을 열어주며 "빨리 내리세요" 하고 화를 냈다.

이 사례 역시 종종 일어나는 경우다. 사람이 많아서 내릴 승객이 뒤로 갈 수 없는 경우, 일단 먼저 앞문을 열어 주고, 정거장의 사람들이 앞문으로 탑승하기 전에 "먼저 승객분들이 내린 뒤 탑승하겠습니다."라고 말하고 승객들을 하차시켜야 한다. 버스의 원칙은 앞문으로 타고 뒷문으로 내리는 것이다. 하지만 출, 퇴근 시간 때나 기타 승객이 많을 경우 앞뒷문으로 승하차가 가능하다는 것을 염두에 두자.

10. 설령 그대가 잘못했다 하더라도

A는 노인이다. 정류장에 도착하여 내리려고 하였으나 걸음이 느려서 내리기도 전에 문이 닫혀버렸다. 문을 열어

달라고 하자 "뭐하고 있었냐"고 화를 내며 문을 열어주었다.

B는 내릴 정거장이 아닌데도 착각하여 실수로 벨을 누르고 말았다. 정거장에 도착하여 내리지 않자 승무사원은 "왜 쓸데없이 벨을 눌렀어요!" 하며 소리를 질렀다.

C는 정류장에서 버스를 타기 위해 대기하고 있었다. 버스가 줄지어 오는 정류장이라 타야 할 버스가 뒤쪽에 도착한 것을 보고 미리 타기 위해 뒤로 가서 문을 두드렸다. 승무사원은 몹시 화를 내며 "이러면 안 된다"고 욕을 섞어서 말을 했다.

D는 버스를 타고 정거장에 도착하기 전 미리 일어섰다. 그랬더니 승무사원이 "앉아있어! 다치면 니가 책임질 거야!" 하며 사람들이 듣는 앞에서 쩌렁쩌렁 울리게 소리쳤다.

위의 사례 같은 경우, 승객이 내릴 때 느리게 움직였거나, 실수로 벨을 누르는 등 전적으로 승무사원의 잘못이 아닌 부분이다. 그러나 그런 경우에도 친절하게 "죄송합니다. 미

이것이 진정한 서비스다

처 못 봤네요.", "다음부턴 실수하지 마세요~" 하고 승객의 당황스런 입장을 먼저 배려해 주어야 한다. 또, 원칙상 승객이 완전히 정차할 때까지 일어서지 않고 앉아서 기다리는 것이 맞다 하더라도, 그것을 지키기 위해서 승객에게 무례하게 소리치는 행위도 있어서는 안 된다. "완전히 정차한 후에 일어서 주세요."라고 말을 하는 것만으로도 충분하다. 긍정 사례에서 비슷한 상황이 있었음에도 승무사원의 태도가 어떠하였느냐에 따라서 그것을 친절로 보기도 하고 불친절로 보기도 한다.

또 급한 마음에 승객이 문을 두드렸다고 무안을 주지 말고 "다음부터는 그렇게 하시면 안 됩니다."라고 부드러운 목소리로 말해 주는 것만으로 승객은 고마움을 느낄 것이다. 카드가 제대로 태그가 되지 않아 재차 찍었는데도 짜증내지 않고 여유 있게 기다려 주며 승객이 당황하지 않도록 배려한 기사를 칭찬하는 경우도 있었다. 승객의 마음을 먼저 헤아려 주는 센스를 발휘하자.

11. 기술적 문제는 나한테 묻지 마?

　A는 곤란한 경험을 했다. 버스를 타고 환승을 하려 했는데 환승요금으로 찍히지 않고 돈이 한 번 더 나간 것이다. 승무사원에게 기계가 잘못된 것 같다고 했더니, 그는 퉁명스레 "그런 건 저도 잘 모릅니다." 하고 아무런 조치도 취하지 않았다.

　이런 경우는 딱히 승무사원이 처리할 수 있는 사안이 아니다. 하지만 무뚝뚝하게 이야기하지 말고 카드회사로 문의해 보라고 친절히 안내해 주자. 당연히 카드사 민원전화번호는 숙지하고 있어야겠다.

12. 잔돈과의 사투

　A는 버스를 탔는데 오천 원짜리 지폐뿐이라 그냥 돈 통에 넣었다. 승무사원은 왜 미리 말도 없이 오천 원짜리를 넣었느냐고 화를 내며 동전으로 100원짜리를 거슬러주었다.

　승객이 지폐로 된 현금을 넣을 때는, 꼭 넣기 전에 거스름돈이 100원짜리 동전뿐임을 알려 주도록 하자. 원칙상 버스에서는 1000원짜리 지폐로 거스름돈을 줄 수 없게 되어 있다. 그런데 이 사실을 모르고 간혹 100원짜리 거스름돈을 받는데 화를 내는 승객도 있으니 꼭 설명을 먼저 하도록 하자. 이 경우에도 손님은 무안한 상황에 승무사원의 불친절한 태도에 더 상처를 받았다. 승객이 당황하지 않도록 친절히 설명해 주는 것도 승무사원의 의무다. 차내 손님에게 "만 원 권 바꿔 주실 분 안 계시나요?" 등으로 협조를 구하는 것도 좋은 방법이다.

13. 애완동물 승차는 어떻게?

A는 강아지를 이동 가방에 넣어서 버스를 타려 했으나 승차를 거부당했다. 혐오감을 주는 동물이 아니면 상관없다고 항변했지만 그는 막무가내로 버스를 출발시켜 버렸다.

애견을 데리고 대중교통을 이용하면서 운전기사들로부터 제제를 받는 경우가 많이 있는데, 자동차운수사업법 제21조 제1호의 단서규정에 의하면 "여객이 자동차 안으로 가지고 들어올 수 있는 동물은 다른 사람에게 피해를 끼칠 염려가 없는 애완용의 작은 동물과 맹인의 인도견으로 한다."라고 명시되어 있다.

강아지가 캐리어에 넣어져 있는 경우, "소변, 대변과 같은 오물이 발생되면 즉각 악취가 나지 않게끔 준비를 하셔야 합니다."라고 이야기하고 탑승을 허가하도록 한다. 탑승할 수 없는 크기의 애완동물은 정중히 거절하면 된다.

이것이 진정한 서비스다

14. 융통성을 발휘합시다

A는 종점에서 버스를 타기 위해 기다리고 있었는데, 그 날따라 날씨가 추워서 미리 버스 안에 들어가 있으면 안 되겠냐고 승무사원에게 양해를 구했다. 그러나 승무사원은 자신의 휴식시간이 아직 남아 있다며 승차를 거절했다.

약간씩의 융통성이 있어야 할 사례다. 홀로 조용한 휴식을 취하고 싶었을 수도 있지만 추운 날씨에 밖에서 기다리는 승객의 마음을 조금만 헤아리면 이렇게까지 불친절할 필요는 없었을 것이다. 버스 출발시간 전에 미리 승객을 태우라는 규정은 없다. 하지만 문제는 화를 내고 퉁명스럽게 승객을 대하는 승무사원들의 태도가 아닐까?

15. 그 외 – 안내방송, 교통정체

간혹 버스 운행 중 차내 방송이 틀리게 나오는 경우가 있다. 이럴 땐 상황에 따라서 "다음은 ○○정류소입니다. 내리실 분 안 계십니까." 등으로 정정하여 알려준다. 또 승객이 버튼을 누르지 않아도 버스정류장이 가까워지면 "다음은

○○역입니다. 내리실 분 안 계십니까?"등으로 확실히 확인해 주면 초행길인 승객에게 큰 도움이 된다.

 교통정체 등으로 인해 평상시보다 빨리 운행이 안 될 경우, 초조해하는 승객들을 위해 "보시는 바와 같이 길이 막히고 있습니다. 조금만 기다려 주십시오." 등으로 상황을 설명한다. 정류장에서 기다리고 있는 승객에게도 "도중에 교통정체로 늦어졌다."고 이유를 말하며 사과하도록 한다.

 부정사례에서 발견할 수 있는 공통사항은 '버스기사의 불친절함이 주는 불쾌함'이었다. 반말, 욕, 무뚝뚝한 태도, 무례한 언행은 승객에게 '무시당하고 있다', '존중받지 못하고 있다'는 인상을 주었고, 민원제기로 이어졌다. 같은 메시지를 전달하고자 해도 말하는 태도에 따라 받아들여지는 메시지는 완전히 다르다. 승무사원의 첫 번째 마음가짐은 항상 승객을 남이 아닌 '손님'으로서 받아들이고 존중하는 태도를 지니려는 것이다. 이것이 제대로 이루어지도록 항상 친절이 몸에 배도록 습관을 기르자. 처음엔 어색하게 생각되어도 승객의 긍정적인 반응에 곧 기분이 좋아지게 될 것

이것이 진정한 서비스다

이고, 프로페셔널한 승무사원으로서의 자부심과 자신감이 생길 것이다.

지금까지 일련의 내용상에서 버스를 이용하는 승객에게 친절한 서비스를 제공하는 방법을 간단히 요약하자면 다음과 같다.

❶ 출근 시에는 꼭 단정하고 깔끔한 옷차림을 하고 용모를 다듬는다.

❷ 승객을 무시하지 않고 차량에 탑승할 때 눈인사를 한다. 이때 "안녕하세요", "어서오세요" 하고 부드러운 표정과 말씨로 말해주면 더욱 좋다.

❸ 모든 승객이 완전히 탑승했는지를 확인한다.

❹ 승객이 완전히 자리에 앉았거나 차량 내 봉을 잡았는지를 확인하고 출발해도 넘어지는 승객이 없을 것이라 판단되면 그때 차를 출발시킨다.

❺ 임산부나 몸이 불편한 사람이 탑승하면 "자리를 양보해 주실 분 계십니까." 하고 배려를 구한다.

❻ 승객의 질문에는 아는 범위 내에서 공손하게 대답한다.

❼ 승객에게 반말을 하지 않는다.

❽ 운행 중 전화통화를 하지 않는다.

⑨ 운행 중 욕설을 하거나 음악이나 종교방송 등을 시끄럽게 틀어놓지 않는다.

⑩ 난폭운전, 급정거, 급출발을 하지 않는다.

⑪ 하차 시 정류장에 도착하기 전에 성급히 일어나려는 승객이 있으면 완전히 정차한 후에 움직여도 좋다고 말해주고, 실제로 하차 시에 모든 승객이 무사히 내렸는지 확인하고 차를 출발시킨다.

여기에 덧붙여 고속버스, 전세버스를 운행하는 승무사원의 경우 몇 가지 다른 점이 있음을 밝혀둔다. 고속버스의 경우 출발 전에 올라타 자리를 이동하면서 승객들이 안전띠를 맸는지 점검하는 것이 우선된다.

모든 점검이 끝났으면 인사를 하고 출발한다.

목적지 도착 후에는 먼저 내려서 승객들이 내릴 때 "고생했습니다." 하고 친절하게 인사를 하며 마중한다.

버스 승무사원도 장시간 버스를 운전하면서 다양한 손님들을 만날 것이고 분명히 나름 스트레스도 쌓이게 될 것이다. 하지만 스스로 감정을 조절하려고 노력하면서 나와 승객들 모두가 만족할 수 있는 쾌적한 환경을 만들어 주자고

이것이 진정한 서비스다

다짐해 보자. 당신의 작은 친절에 몇몇 승객의 입가에 미소가 걸릴 것이고, 사소하다고 생각하여 막 대하는 불친절에 내내 안 좋은 기분으로 하루를 보내야 하는 승객도 있다. 버스 승무사원은 시민을 안전하게 목적지로 데려다주는 임무를 맡은 직업이다. 당신의 운행에 의해 시민은 직장과 학교, 집을 오가며 하루를 보낼 수 있게 된다. 언제나 그 사실을 잊지 않고 멋진 하루를 시작해 보도록 하자.

Part 05

택시 승무사원 서비스의 모든 것

이 장에서는 버스보다 훨씬 개인적인 공간인 택시 내에서 승객들이 선호하는 택시 승무사원의 서비스에 대해 알아본다. 대구시에서 시행한 친절 택시 승무사원 추천 사이트에 올라온 칭찬의 기준을 보면 승객이 택시 승무사원들에게 무엇을 바라는지 잘 알 수 있다.

달구벌 친절택시 시민 추천

❶ 운행경로를 안내하고 운행해요.

❷ 택시에 담배냄새가 배어 있지 않아요.

이것이 진정한 서비스다

❸ 짧은 거리 이동해도 싫어하지 않아요.

❹ 탈 때와 내릴 때 반갑게 인사해요.

❺ 복장은 깨끗하고 단정하게 착용해요.

❻ 반말 사용 안 해요.

❼ 운전 중 DMB와 휴대폰 사용 안 해요.

❽ 급정거, 급차선 변경하지 않고 교통법규, 교통신호를 잘 지켜요.

❾ 경적은 필요할 때만 사용해요.

❿ 카드 결제와 영수증 요청에도 거절하지 않아요.

위와 같이 승객들은 기본적인 매너와 안전한 운전, 청결한 공간을 선호함을 알 수 있다. 버스 승무사원의 지침과 크게 다를 바가 없지만, 좀 더 자세한 세부사항으로 들어가 보자.

1. 멋진 인사와 친절한 대우가 최고

A는 택시를 자주 이용하는 편이다. 평상시 택시 승무사원에 대해 별다른 생각을 가지고 있지 않았지만, 급히 가야 할 곳이 생겨 택시를 잡았는데 승무사원이 매우 친절하

였다. 늦을까 봐 불안해하는 A에게 금방 갈 수 있으니 괜찮다고 달래주고, 부드러운 목소리로 이것저것 이야기를 하면서 안심시켜 주었다. 초행이라 길을 잘 몰라서 여러 번 차선을 바꾸어야 했음에도 불평하는 기색은 하나도 없었다. 하차 시에도 따뜻하게 인사하고 눈을 맞추며 "오늘 하루 잘 보내세요~" 하고 말해 주었다. 덕분에 A는 하루 종일 좋은 기분으로 일을 할 수 있었다.

버스 승무사원의 서비스와 마찬가지로 많은 승객들이 승하차 시에 택시 승무사원이 정중하면서도 밝은 태도로 인사를 하는 것에 소소한 감동을 받았다. 그리 길지 않은 시간 동안 손님을 감동시킬 찬스는 오기 힘들다. 즉 첫인상이 모든 것을 좌우한다고 봐도 된다. 승무사원이 먼저 밝은 표정으로 인사를 하자. 룸미러를 보면서 눈을 마주치고 하여도 되고, 몸을 살짝 돌리면서 성의를 보여도 좋다.

또 승객이 길을 잘 몰라서 헤맬 때에도 핀잔을 주지 않고 친절히 안내하여 승객을 안심시켜 주었으며 마지막까지 인사를 하여 감동을 주었다. 간혹 길도 모르면서 왜 탔냐고 화를 내는 승무사원이 있는데 길을 모르니까 타는 것이다. 내

이것이 진정한 서비스다

비게이션을 이용해서 최선을 다해 승객을 태워주도록 하자.

잊지 말자. 밝은 인사와 친절한 태도가 모든 것을 좌우한다!

버스 승무사원의 서비스도 택시 승무사원의 서비스도 첫째

는 항상 '태도'이다. 같은 의미를 담은 말을 할 때도 어떻게

전달하느냐에 따라 천차만별로 달라진다. 내가 먼저 밝은

표정으로 가까이 다가가 미소 지으며 인사하자. 반응이 없

는 무덤덤한 승객도 있겠지만, 상처받을 필요는 없다. 분명

히 당신의 그러한 태도에 감동을 느끼고 고마워할 승객이

있을 것이기 때문이다.

2. 말하지 않아도 괜찮아요

　　A는 택시 승무사원이 운행 중 계속 말을 거는 경우 매우 불편하다. 그러나 이번에 탄 택시의 승무사원은 별다른 이야기 없이 조용히 운행을 했고, 굳이 대화를 시도하려 하지 않았다. 덕분에 A는 편안한 마음으로 차를 탈 수 있었다.

'조용한 운행'에 큰 점수를 주는 승객의 사례다. 택시 승무사원과 대화를 즐기는 승객도 있겠지만, 아무 말 없이 조용히 혼자만의 시간을 가지고 싶은 승객도 있다. 특히 대화를 이어나갈 의사가 없음에도 불구, 승무사원이 계속 말을 걸면 승객 입장에서는 부담을 받을 수 있다. "어디를 가느라 그렇게 예쁘게 입었어요?" 같은 말도 칭찬일 수 있지만 듣는 사람 쪽에선 성희롱으로 여길 수도 있다. 사적인 이야기를 건드는 화제는 꺼내지 않도록 한다. 청각장애인 택시 운전사의 택시에 승차하였더니 너무나 편했다면서 이런 분들의 고용을 늘려야 한다고 주장하는 사람도 있으니 이런 경험을 달갑지 않게 생각하는 승객의 심정을 알 수 있을 것이다. 타고 내릴 때 "어서 오세요.", "안녕히 가세요."라고 친절하게 말하는 것은 좋으나, 운행 도중 몇 번 대화를 시도했지만 승객이 별로 말을 하고자 하는 의지가 없어 보이는 경우 더 이상 불필요한 말을 하지 않고 안전운전에 신경 쓰도록 한다.

만약 대화를 이루어나가게 되어도 정치 이야기 같은 예민한 주제는 삼가는 것이 좋다. 날씨와 같은 가벼운 주제로 이야기를 하도록 하자. 또, 두 사람 이상의 승객이 탑승하여 대화를 나누고 있는데 중간에 끼어들어 참견을 하는 경우 대화가 침해당한 느낌이 들어 불쾌했다는 의견도 있으니, 주의해야 할 점이다.

3. 잃어버린 물건은 신속히

A는 깜빡 핸드폰을 택시에 두고 내리고 말았다. 급히 전화를 해서 문의하였더니 "내렸던 장소에서 기다리라. 가져다주겠다."는 친절한 대답이 돌아왔다.

B는 아이와 함께 택시를 탔다. 내리고 나서야 아이가 자

신의 책가방을 두고 내렸다는 것을 알고 발만 동동 굴렀는데, 승무사원이 가방에 적힌 아이의 이름과 초등학교 이름을 보고 직접 학교에 가져다주었다.

버스 승무사원의 좋은 사례와 마찬가지로 분실한 물건을 되찾아 주는 것은 승객 입장에서 크나큰 감동이다. 직접 집까지 찾아가서 건네주지 않더라도 "어느어느 곳으로 나오라" 하여 물건을 전해 주도록 하자. 잃어버린 물건을 되찾은 승객의 기쁨은 무엇보다도 크다. 만약 승객과 연락이 닿을 단서가 없을 경우, 가까운 경찰서에 가져다주도록 하자. 승객을 불러낼 때는 불안하지 않도록 사람이 많은 공공장소를 택한다.

4. 묻지도 따지지도 않고!

A는 급한 일이 생겨서 가야 하는 방향과 정 반대되는 곳에서 택시를 잡았다. "빨리 가야 합니다." 다른 승무사원은 길을 건너서 저쪽에서 타라고 하였으나, 이 승무사원은 "알았다."고 친절하게 답하고 태워 주었다.

이것이 진정한 서비스다

간혹 차선이 다르다는 이유로 승차를 거부하는 경우가 있는데 그와는 정반대되는 사례다. "이쪽 방향이 아니니까 저쪽으로 가서 타라."고 하면 급한 승객은 허탈한 마음이 들 수 있다. 그렇게 하지 않고 두말없이 출발해 주면 마음이 급한 승객은 얼마나 고마워할까? 택시 승무사원으로서 가장 보람 있는 일이 서둘러 목적지에 가야 하는 승객을 무사히 데려다주는 것임을 생각하면 모범이 될 만한 사례라 할 수 있다.

5. 손님을 배려하는 손길

A는 나이가 많다. 어느 날 무거운 짐을 여러 개 들고 택시에 탑승하게 되었는데, 승무사원은 직접 짐을 하나하나 옮겨서 실어준 것은 물론이고 목적지에 도착한 후에도 짐을 운반해 주었다. 뿐만 아니라 비가 오기 시작하여 우산이 없어 걱정하는 A를 위해 우산을 파는 가까운 편의점에 들러 우산을 살 수 있게 해주었다.

가히 택시 승무사원의 특급 서비스라 할 만하다. 몸이 안좋아 보이거나 나이 드신 분들, 장애인 분들이 탑승했을 때여력이 된다면 이와 같이 짐을 옮겨다 들어 주는 것은 어떨까. 하지만 이때 주의할 점, 손님이 바로 집 앞까지 짐을

이것이 진정한 서비스다

옮겨 주는 것을 꺼려할 수도 있다. 워낙 험한 세상이라 개인 주소지를 노출시키고 싶지 않을 수도 있는 것이니, 미리 "어디까지 옮겨 드리면 될까요?" 하고 묻도록 하자.

비가 쏟아지는 날에 승객이 우산이 없다면 먼저 가까운 편의점에 데려다주길 바라는지 물어보자. 혹은 목적하는 곳이 빌딩일 경우 잠시 지하 주차장 쪽으로 내려가서 하차하도록 하는 것도 좋은 방법이다.

6. 본받아야 할 따뜻한 장애인 배려 정신

A는 장애인으로서 오랜만에 장콜을 이용했다. 승무사원은 그가 타기 전 미리 "중간에 불편한 일이 있으면 꼭 말해달라."고 이야기했고, 택시를 타고 가던 중 갑자기 소변이 마려워져 조심스레 말을 꺼내자 바로 근처 빌딩에 차를 세우고 경비원에게 부탁해 볼일을 볼 수 있도록 해주었다. 또 내내 '장애인 사회 복지'에 관한 이야기를 많이 들려주며 대화를 이어나갔다. 그가 내리고 탈 때에도 프로페셔널하고 안전하게 도와주었다.

장애인을 배려하는 장콜(장애인콜택시) 승무사원들의 선의의 사례를 통해 알 수 있는 점이 무엇일까? 바로 그분들이 행하는 배려심이 모든 일반 택시 승무사원들도 모범으로 따라도 될 법한 서비스 정신을 나타내고 있다는 것이다. 바쁜 손님을 배려하면서도 안전운행을 하고, 손님이 흥미 있어 할 주제로 이야기를 하며 세세한 점까지 미리 눈치 채고 케어해 주는 모습! 비록 이것을 다 따라 할 수 없다고 하더라도, 이러한 '기본기조'를 늘 마음에 새기고 있다면 당신은 이미 누구에게도 뒤지지 않는 특급 승무사원이다.

7. 나는 최상의 내비게이션!

A는 택시를 타고 목적지의 운행경로를 이야기했다. 승무사원은 자신이 알기론 다른 쪽으로 가는 것이 더 빠르다고 했고, 원하는 길로 가면 약간 돌아가는 길이라 5,000원 정도 더 나올 수 있다고 하며 괜찮으냐고 물어보았다. "그래도 손님이 원하시면 그 길로 가 드리겠습니다."라고 부담 없게 말을 덧붙였다. 그의 친절한 태도를 믿고 A는 조언을 따랐으며, 빠르게 목적지에 도착하여 감사인사를 했다.

B는 지방으로 여행을 왔다. 가고자 하는 숙박업소를 내

비로 찾아서 "이쪽으로 가 달라."고 부탁하고 택시를 탔는데, 길이 복잡해서 목적지가 잘 보이지 않았다. 어쩔 수 없이 내려서 걸어가려고 했으나, 승무사원은 끝까지 찾아주겠다고 하며 숙박업소의 전화번호를 알려달라고 하여 주인과 전화통화를 해가며 무사히 목적지까지 데려다주었다.

승객이 목적지를 말했을 때 우선 알고 있거나 자주 가는 경로가 있는지, 어느 경로로 가기를 원하는지 묻는 연습을 들이자. 만약 승객이 알고 있는 것보다 더 효율적인 경로를 알고 있다면 언급해 보자. 허나 "내 길이 더 낫다."며 승객의 의사를 무시하고 고집하려는 태도는 금물이다. 어디까지나 승객이 선택하도록 하고, 제안을 할 때의 목소리 톤은 강압적이지 않고 부드럽게 건네듯이 해야 한다. 첫 번째 일화처럼 승객이 의심을 할 수도 있음을 충분히 인지하고 있자. 만일 승객이 원래의 경로를 고집하면, 두말없이 그대로 따른다.

두 번째 사례처럼 손님이 목적지를 잘 알지 못하여 헤매고 있을 때 끝까지 원하는 목적지로 데려다주려는 것도 훌륭한 승무사원의 자세다.

전체적으로 택시 승무사원은 버스 승무사원보다 훨씬 가깝고 개인적인 공간 내에서 승객과 교류하기 때문에 승객이 편안함이나 불편함을 더 직접적이고 강하게 느낄 수 있다. 버스 승무사원이 지켜야 할 기본사항처럼 택시 승무사원 역시 항상 단정한 복장, 쾌적하고 깨끗한 차량 내부는 기본적으로 갖추고 있어야 하며, 공손한 태도로 존댓말을 사용하여 이야기를 나누되 동시에 지나치게 사적인 선은 넘지 않도록 하는 섬세함이 요구된다.

　그렇다면 이번에는, 택시 내에서 불쾌함을 겪었던 승객들의 부정사례를 통해 택시 승무사원이 신경을 써야 할 서비스 정신에 대해 좀 더 자세히 살펴보도록 하자.

　　　　　　　　　　이것이 진정한 서비스다

1. 불친절한 태도, 불쾌한 승객

　A는 택시를 타는 내내 기분 나쁜 경험을 했다. 승무사원은 운행 중 계속 과속을 하였고, 옆 차량이 끼어들기라도 하면 "개XX" 등 심한 욕설을 내뱉으며 짜증을 내어 A를 불안하게 만들었다. 목적지에 도착했을 때도 카드를 찾느라 가방을 뒤적거리자 "미리 준비 안 하고 뭐했냐."고 성질을 부렸다.

　B는 다리가 아파서 잠시 뒷좌석에 왼발을 올려놓았다. 승무사원은 당장 내리라고 강압적으로 이야기했고, 기분 나쁜 태도에 "신발도 벗었는데 왜 그러느냐."고 하자 욕을 하면서 "내리라면 내리라. 시트가 더러워지면 책임질 거냐."고 말했다.

　버스 승무사원의 서비스와 마찬가지로, 불친절한 태도, 폭언이나 반말 등 위협적인 언행은 택시 승무사원이 가장 해서는 안 될 일이다. 특히 나이가 어린 승객에게 쉽게 말을 놓는 경우가 있는데 그러지 말도록 하자. 남녀노소를 불문하고 항상 존댓말을 사용하도록 하는 게 좋다. 호칭도 '손님'으로 통일한다. 물론 개인적 사정으로 짜증이 나 있다고 그것을 승객에게 화풀이해서도 안 된다. 만약 두 번째 사례처럼 승객의 행동이 잘못되어 요청을 해야 할 시에는 정중하게 부탁드리자. 말투만 부드럽다면 서로 부딪힐 일이 없다. 이럴 때 사용해야 할 것이 바로 쿠션 언어다. "죄송합니다만~"으로 시작되는 요청의 언어를 입에 익혀 보자.

2. 이 길이 맞다고!

A는 택시를 타고 가던 중 승무사원이 자신이 아는 길과는 다른 쪽으로 가는 것을 보고 "이쪽 길이 맞나요?" 하고 물어보았다. 하지만 승무사원은 의심받은 것이 화가 난다는 듯 퉁명스레 "나중에 내려서 알아봐라, 그걸 왜 나한테 묻느냐."며 역정을 냈다.

택시에 탑승한 승객들이 가장 싫어하는 것 중의 하나가 요금을 올리기 위해 길을 돌아가는 일이다. 이와 같은 사례에서 오해를 받지 않으려면 승객이 의문을 표시할 때 "이러이러하여 이 길로 왔습니다."라고 자세히 설명해 주자. 승객이 도중에 경로를 바꾸길 원하는데, 도로 사정 등이 여의치 않아 요금이 더 나올 수 있을 때도 재차 의사를 확인해서 "도로 사정이 이러한데 이쪽으로 가면 돌아갈 수 있습니다." 등을 묻자. 만일 본인이 길을 잘 알지 못해 승객이 아는 길과 다른 길로 왔을 경우, "제가 잘 몰랐네요. 죄송합니다." 라고 정중히 사과하도록 하자. 계속 사례들을 보면 알겠지만 불친절한 태도가 가장 승객들을 불쾌하게 한 원인이다. 같은 상황이라도 태도를 어떻게 하느냐에 따라 승객의 마음도 천차만별로 갈라질 수 있다. 물론, 이와 같은 불편 상황을 발생시키지 않을 수 있는 가장 좋은 방법은 앞서 말했듯이 '출발 전 먼저 승객에게 경로를 묻는 것'이다. 이렇게 하면 불화의 싹을 애시당초 잘라 버릴 수 있다.

3. 절대 성희롱은 금물

A는 황당한 경험을 했다. 택시를 타자마자 "아이구~ 이쁜 아가씨가 탔네." 하며 칭찬을 한 택시기사는, 운행 내내 "남자친구는 있느냐.", "나 같은 남자는 어떠냐." 등 불편한 질문을 했다. 내릴 때조차 영수증에 휴대폰 번호가 적혀 있으니 전화하라고 한 그의 태도는 분명 문제가 있었다. 그녀는 중간에 이 승무사원이 나쁜 마음을 먹지 않을

까 두려웠다고 한다.

이 사례는 절대 해서는 안 될 예이다. 이보다 경미해도 여성 승객들이 불쾌함이나 두려움을 느끼게 할 성과 관련된 농담은 장난으로 건네는 말이라도 하지 말아야 한다. 침묵은 동의가 아니다. 성적 농담에 대해 여성 승객이 아무 말도 하지 않거나 대충 대답한다면 그건 더 이상 그와 관련된 이야기를 하고 싶지 않다는 뜻이다. 성적 굴욕감은 피해자의 관점을 기초로 판단한다. 승객의 몸도 스치지 않도록 조심스러워야 한다. 음란한 농담, 외모에 대한 성적인 비유나 평가도 언어적 성희롱에 해당된다. "우리 아들이랑 만나 볼 생각 없어요?"와 같은 말도 부담스럽다. 사생활에 대해 꼬치꼬치 캐묻는 것도 마찬가지다. 만일 승객이 불쾌함을 표시하면, 즉시 사과하고 바로 멈추어야 한다.

이것이 진정한 서비스다

4. 조용한 탑승을 원합니다

A는 택시에 탑승한 후 지인과 전화통화를 했다. 그런데 앞좌석에 앉은 승무사원도 통화를 하는 게 아닌가? 더군다나 장시간을 큰 목소리로 말이다. 통화에 불편함을 느낀 A는 "조금만 소리를 낮춰 줄 수 있냐."고 물었으나 승무사원은 되려 역정을 벌컥 내며 "내 차인데 내가 전화도 못 하냐."고 하였다.

버스와 마찬가지로 택시에서 조용히 앉아 있고 싶은 승객들이 있다. 개인적 통화는 삼가고, 라디오나 음악 시디도 틀지 않도록 한다. 만약 틀더라도 먼저 승객에게 "라디오 좀 틀어도 될까요?"라고 정중히 묻는다. 승객이 볼륨을 줄이거나 꺼 달라고 요청을 하면 들어준다. 스포츠 중계방송이나 노래를 듣는 데에 정신이 팔려 손님의 반응에 관심이 없는 것도 실례이니, 운전 중에는 도로 상황과 승객에게만 신경을 쓰도록 하자.

5. 가고 싶지 않은 거리?

A는 출근 시간에 지각을 하여 가까운 거리지만 어쩔 수

없이 택시를 불렀다. 그러나 승무사원은 금방 목적지에 도착하자 그에게 화를 내며 "이 짧은 거리를 뭐하러 택시를 탔느냐."고 했다.

B는 여행을 떠나 기차역에 도착한 뒤 택시를 탔다. 택시 승무사원에게 가고자 하는 목적지를 말하자 처음엔 아무 말 없이 태워주더니, 가는 도중 택시를 기다리는 사람이 보이자 갑자기 차를 멈추고 "여기서 내려서 죽 가면 된다."고 강제하차를 시켰다. 목적지는 가까운 거리에 있었지만 몹시 기분이 나빴다.

C는 무거운 짐을 들고 있었기에 아파트 단지에 도착해서 집 바로 앞까지 가줄 것을 요구했다. 그러니 승무사원은 "못 들어간다."고 거절하고 아파트 입구에서 C를 내리게 했다.

오랫동안 손님을 기다렸는데 탄 승객이 기본요금거리를 가자고 하면 허탈해질 수 있다. 그렇다고 정당한 요금을 내고 탄 승객에게 화를 내서는 안 된다. 그날따라 몸이 안 좋

이것이 진정한 서비스다

을 수도 있고, 날씨가 너무 춥거나 더웠을 수도 있다. A처럼 급하게 가야 하는 도중일 수도 있다. 자신의 사정보다는 승객의 사정을 생각하여야 하는 것이 승무사원이다. 항상 승객이 바라는 곳까지 운행하도록 하고, 투덜거리거나 기본요금이라고 말을 꺼내는 일도 하지 않도록 하자. 어느 거리를 가든 승객은 항상 승객이다.

6. 보따리는 무슨 죄인가!

A는 무거운 배낭을 메고 택시에 탑승했다. 승무사원은 그가 타자마자 대뜸 "시트가 눌리지 않게 배낭을 앞으로 매세요!" 하고 큰소리로 요구했다. 무례한 태도에 화가 났지만 그의 입장을 생각해 배낭을 앞으로 맸는데, 운행 내

내 투덜거리며 시트에 관한 이야기를 중얼거려 몹시 기분이 나빴다.

무거운 짐을 든 승객들에게 어떤 자세를 보이면 좋을까 이야기해 보자. 승객의 요구가 없을 경우, 대개의 승무사원들은 그냥 승객을 태우고 출발해 버리곤 한다. 하지만 이때 먼저 "짐을 트렁크에 옮겨다 드릴까요?" 하고 물어보고 도와주는 센스를 발휘하면 어떨까? 시트가 눌리는 게 싫다면 더욱 좋은 방법이다.

베트남에서 택시를 호출하면 기사는 도착하자마자 바로 승객의 짐을 트렁크에 실어 준다고 한다. 한 나라를 첫 방문한 외국인이 처음으로 마주하는 사람이 택시 승무사원일

이것이 진정한 서비스다

수도 있지 않은가? 한 국가의 첫인상이 달려있다. 혹시 공항에서 외국인을 태우게 될 경우, 짐을 대신 실어 주는 정도의 서비스를 발휘한다면 국위선양이다.

7. 착한 거래를 합시다

A는 매우 늦은 시각에 택시를 타게 되었는데 아무도 미터기로 가려는 승무사원이 없었다. 어쩔 수 없이 한 승무사원과 협상을 하여 몇 만원을 주고 타기로 했는데, 내릴 때가 되자 조금 더 달라고 황당한 요구를 했다. 끝까지 거절하자 욕설을 내뱉으며 떠나갔다.

미터기를 사용하지 않는 것도 문제이지만, 요금은 정확히 계산해서 주도록 하자. 간혹 차가 완전히 정차했는데도 요금을 계산할 동안 미터기를 끄지 않아 100원 더 올라갈 때까지 거스름돈을 주지 않고 꿈지럭거리는 모습이 보기 좋지 않았다는 경험을 한 승객이 많다. 미터기는 목적지에 도착하자마자 바로 꺼야 한다. 마찬가지로, 짧은 거리라고 해서 카드를 거절하고 현금은 없는지 묻는 것도 좋지 못한 행위다. 카드를 내면 받도록 하고, "영수증 필요하십니까."라

고 묻고 필요하다 하면 영수증을 주도록 한다. 마지막 순간
까지 깨끗한 거래가 올바르다.

8. 장애인 배려는 기본 중의 기본

A는 거동이 불편하여 장콜을 타고 가기로 했다. 그런데
승무사원은 내내 불쾌한 행동을 보였다. 휠체어를 차에 실
을 때 잘되지 않자 욕설을 작게 내뱉었고, 무뚝뚝한 얼굴
로 대하는 그의 태도는 A가 '짐짝'이 된 듯한 느낌을 들게
하였다.

버스 승무사원 서비스 일화와 마찬가지로 장애인을 대하
는 승무사원의 자세는 기본 서비스 정신에서 빠지지 않는

요소이다. 장애인 중에는 자신이 장애인이라 불편을 끼치지 않을까 걱정하는 분들이 많기에 상처가 되는 말을 절대 하지 않는 것은 물론 일반 사람보다 더욱 신경을 써서 케어해 주어야 한다. 특히 장애인 콜택시 승무사원은 남들보다 더욱 사명의식을 높게 가지고 장애인의 거동을 잘 살펴 위급 상황에 대비할 수 있도록 한다. 장애인이라 해서 막 대하면 예민한 장애인들은 금세 알아차린다. 장애인은 몸이 불편하기에 더 배려받아야 할 시민들이다. 일반 택시에 장애인 승객이 탑승할 때는 훨씬 조심스럽게 운전, 정차하도록 한다.

잠시 여기서 17세 시각장애인 A군이 택시 승무사원의 불친절하고 폭력적인 응대로 인하여 심각한 정신적 피해를 입은 사건을 소개한다.

성남시에 살고 있던 A군은 집으로 가기 위해 수업을 마치는 시간인 3시 40분에 맞추어 학교에서 출발할 수 있도록 택시 예약을 했다. 그런데 5분 정도 늦게 탑승하게 되었고, 승무사원은 A군이 차에 오르고 출발 후 얼마 되지 않아 A군을 목적지에 데려다 주고 나면 6시 정시에 퇴근하기가 힘들다며 불만을 표시했다.

A군은 기사에게 학교 앞에 편의점이 있으니 들렀다 가도록 해 달라고 말하고, 주거지에 빨리 도착하려면 청와대 후문 사거리에서 좌회전을 하여 자하문 터널을 지나 내부순환도로를 이용하여 가 달라고 운행 노선을 설명했다.

승무사원은 학교 앞 편의점에 차를 대기 어려우니 성남에 도착하여 편의점에 데려다 주겠다고 했다. A군은 어쩔 수 없이 수긍했다.

A군은 운행 중 좌회전을 하고 터널로 들어가면 자동차소음 소리가 달리 들려야 하는데, 그렇지 않은 것 같아 기사에게 현재 위치가 어디냐, 내부순환도로로 가는 것이 맞느냐고 물었다.

그러자 기사는 이 지역의 길을 잘 몰라 내비게이션이 안내하는 대로 간다고 말했다.

A군이 "제가 말한 대로 갔으면 했는데요."라고 말하자, 기사는 내비게이션이 시키는 대로 가자고 했다. 광화문 일대에 집회가 있는지 길이 막히자 A군은 "제가 말한 길로 갔으면 더 좋았을 것인데요."라고 혼잣말을 했고 그러자 기사는 나보고 "지금 불법 유턴을 하라는 말이냐."고 성을

이것이 진정한 서비스다

냈다. A군은 "제가 시각장애인인데 여기가 불법유턴 위치인지 어떻게 알겠어요?"라고 말하자, 늦게 탑승한 놈이 말이 많다고 했다. 그러면서 "나도 퇴근을 해야 하지 않느냐. 어린 녀석이 싸가지가 없다. 뭐 같은 놈아, 개XX." 등등 심한 욕설을 하기 시작했다.

계속되는 기사의 폭언에 A군은 심각한 스트레스를 느꼈으나 차근차근 부당함을 따졌고, 그러자 승무사원은 차를 세우고 그를 도로 한가운데에서 내리라고 했다. 그것을 모르고 도착지에 정차한 것으로 생각하고 A군이 차에서 내리자 따라 내리며 "지금 도로 중앙이라 내가 위험하다. 얼른 타라."라고 말했다. 그리고 A군을 차 안으로 밀어 넣었다. A군은 더 이상 차 안에 머물 수가 없다고 생각하여 내려 달라고 요구하였지만, 그는 '미안하다'고 하며 계속 달렸다. A군은 이건 납치라며 계속 내려 달라 하였다.

A군은 결국 약수역 전방 200미터 지점에 하차하여 112로 전화하여 경찰의 도움으로 지하철로 가서 엄마에게 전화를 하여 수서역까지 마중 나와 줄 것을 부탁하였다.

A군은 그 후 극도로 불안증을 느꼈고, 불면증과 경련까지 오기 시작했다고 한다.

1주일 정도 지나자 찻소리, 바람소리에도 놀라고 환청, 환각현상을 보였으며 자신도 모르게 엉뚱한 장소로 가기도 하고, 잔디를 뽑아 입에 넣기도 하였다.

학교 수업에 들어갈 수 없게 되었고, 퇴행성의 아기 소리를 내거나 다른 인격이 몸을 지배하기도 했다. 심각한 공황, 망상, 강박, 환각과 환청 증상을 보여 정신과에 입원할 수밖에 없었다.

폐쇄된 공간에서 오랜 시간 승무사원의 폭언에 시달려 온몸의 기능이 극도로 긴장되어 부작용을 일으킨 것이다.

현재 경찰은 해당 승무사원을 감금죄로 검찰에 송치하였고, 센터는 권고사직을 시켰다.

이런 경우 감금죄만이 아니라 언어폭력에 장애인 학대, 모욕죄, 명예훼손죄, 정신적 상해죄, 업무과실 등 법이 적용 가능한 모든 죄를 적용해야 할 것이다.

이러한 충격적인 일이 흔하지는 않지만 승무사원의 극도의 불친절이 어떤 상황을 불러일으켰는지, 그리고 장애인이 입은 충격이 얼마나 컸는지를 상기해야 할 필요가 있다. 승

이것이 진정한 서비스다

무사원의 행동이 얼마나 중요한지를 다시금 알 수 있는 부분이다.

9. 화가 나도 공손하게

A는 콜택시를 불렀는데 집에서 준비할 일이 많아 조금 늦게 택시를 타러 나가게 되었다. 승무사원은 몹시 불쾌해하며 A가 상식이 없는 사람인 양 따졌다.

콜을 불렀는데 늦게 나와서 짜증이 날 수도 있다. 승객의 잘못도 있는 경우다. 그러나 이럴 때일수록 침착하게 마음을 가라앉히고 정중하게 "많이 바쁘셨나 보네요." 하고 먼저 배려하는 말을 건네면 미안해진 승객이 금방 사과할 것이다. 열린 마음을 보이자. 승객이 너무 늦게 나온다면 전화를 걸어서 얼마 정도 더 기다려야 될지 묻는 것도 좋겠다. 아무리 화가 나는 상황이라도 승객의 사정을 생각해 주는 자비로운 마음을 가져 보자.

지금까지 택시 승무사원의 서비스에 관한 긍정, 부정 사례를 살펴보았다. 이 외에도 차 안에서 담배냄새 등 좋지 못한 향이 날 때, 승무사원이 운전 중 교통상황에 따라서 언성을 높이거나 욕을 할 때, 먼저 인사를 하고 행선지를 말했는데도 아무런 대꾸가 없어 무안할 때, 목적지를 잘못 알아듣고 다른 곳을 헤매다 늦게 도착했음에도 요금을 더 내라고 하는 경우 등이 불만 사례에 해당되었다.

택시 승무사원이 해야 할 서비스 정신을 다루고 있는 이 장도 요약을 해보자면,

❶ 버스 승무사원과 마찬가지로 용모를 단정히 하고 일을 시작해야 한다.

❷ 승객이 탑승하는 과정을 지켜보고 자리에 앉고 문을 닫으면 인사를 건넨다. ("안녕하세요~", "어디로 모실까요?")

❸ 가고자 하는 목적지를 확인하고 미터기를 켠다.

❹ 출발 시 어느 경로를 통해서 도착지에 갈 것인지 미리 결정한다.

❺ 차량 내에서 음악이나 라디오를 틀고 싶다면 승객에게 먼저 허락을 구한다.

❻ 승객과 대화 시에는 민감한 사안(정치문제 등)은 피하고, 날씨 등 보편적인 것을 주제로 이야기한다. 승객이 대화할 의사가 없다면 더 이상 말을 걸지 않고, 2인 이상 탑승하여 대화를 주고받을 때 끼어들지 않는다.

이것이 진정한 서비스다

⑦ 난폭운전을 삼가고, 욕설을 하지 않는다.

⑧ 승객에게 짐이 많다면 허락을 구한 뒤 짐을 싣고 내리는 것을 돕는다.

⑨ 목적지에 도착하면 바로 미터기를 끄고, 손님이 주는 카드나 현금을 공손하게 받는다.

⑩ 승객이 하차할 시 주변에 오토바이가 있어 위험하지 않은가 살펴보고, 친절한 인사로 마무리한다.

앞서도 말했지만 택시 승무사원의 태도는 한 지역이나 국가의 이미지를 반영한다. 시대가 변하였으니 서비스의 질도 올라가야 할 때가 되었다. 배려 있고 친절한 서비스, 깨끗하고 안정된 환경으로 승객과 승무사원 모두 윈윈하는 쾌적한 문화가 조성되기를 바란다.

Part 06

상황별
응대요령 및
이례사항 대처

| 상황별 응대요령

아무리 준비를 철저히 했더라도 언제나 변수는 발생하는 법이다. 이는 승무사원들에게도 다름이 없다. 문제가 발생하면 승무사원도 당황하지만, 타고 있는 승객들이 훨씬 당황할 수 있다는 것을 기억하라. 승무사원은 차량을 모는 선장이다. 언제 어느 때든지 늘 침착함을 유지하고, 승객들의 불안을 가라앉게 해주어야 한다. 이때 필요한 것은 차분한 목소리와 정중한 태도이다. 승무사원으로서 프로페셔널함을 보이자.

이것이 진정한 서비스다

안내 방송을 듣기 어렵거나 주변 소음 때문에 잘 들리지 않는다면 도착지에 대한 전광판 안내가 잘 제공되도록 하자. 또 운행 중 뜻하지 않은 소란이 발생하면 승객들의 안전을 우선으로 하고, 어떤 도움이 필요한지 먼저 물어보자. 승무사원은 교통약자를 비롯하여 모든 승객의 응급상황 발생(사고 및 질병 등의 사유)에 대비하여 대처방법을 미리 숙지하고 신속하게 대응하여야 한다.

다음은 특수 상황별 응대법에 관한 내용이다.

1. 버스 지연에 대해 항의하는 경우

먼저 "고객님, 대단히 죄송합니다." 하며 정중하게 사과한다. 화난 승객에게 "어쩔 수 없어요." 식으로 얼렁뚱땅 넘어가서는 안 된다. 일단 승객의 불만을 잠재우고 버스가 늦어진 이유를 설명한다. "○○○ 때문에 ○분 정도 늦게 가고 있습니다." 이때 퉁명스러운 어조를 띠지 않게 조심한다. 설명이 끝나면 차분하고 죄송스러운 목소리로 "고객님, 불편을 드려 죄송합니다. 정시운행을 위해 최선을 다하겠습니다." 하며 꼭 마무리 인사를 한다.

2. 승객이 물어본 내용을 모르는 경우

먼저 "고객님, 죄송합니다만 제가 잘 모르는 사항입니다. 불편하시더라도 제가 내용을 확인해서 알려드려도 괜찮으시겠습니까?"하며 양해를 구한다. 버스 승무사원이 모든 것을 알고 있을 필요는 없지만, 승객에게 최선을 다한다는 인상을 심어줄 필요는 있다. 만약 끝까지 내용을 알 수 없을 경우, 해당 사항을 확인할 수 있는 관공서 등을 추천한다. 마찬가지로 "이해해 주셔서 고맙습니다." 하고 마무리 인사를 한다.

3. 버스 정차 중 너무 자세하게 물어보는 경우

이때는 "고객님, 죄송합니다만, 버스가 출발해야 하니 불편하시더라도 ○○○또는 ○○○쪽에 다시 한번 문의해 주시겠습니까?"하고 부드럽게 양해를 구한다. 교통에 관련된 문제일 경우 버스운영센터, 운수관리원 등의 전화번호를 알려주면 좋다. 마찬가지로 "이해해 주셔서 고맙습니다." 하고 꼭 마무리 인사를 한다.

이것이 진정한 서비스다

4. 버스를 잘못 탔을 때

당황한 손님을 안심시킨다. 먼저 정중히 "네 그러셨군요. 고객님, 어디까지 가십니까?" 하고 묻고, 다음 역에서 내려 어떻게 하면 원래 목적지로 갈 수 있는지 설명해 준다. 승객이 잘 알아들을 수 있도록 또박또박 정확하게 이야기하는 것이 포인트다. 손짓을 하며 "여기로 가서 저기로 가면 됩니다." 식으로 이야기하기보다는 문어체로 최대한 자세히 설명한다. 승객이 확실히 알아듣기 위해 다시 질문하는 것을 귀찮아하면 안 된다.

5. 카드에 잔액 부족

"잔액이 없어요." 보다는 "고객님, 죄송합니다만 잔액이 부족합니다. 요금을 현금으로 내 주시면 감사하겠습니다." 하고 말하는 것이 좋다. 승객이 현금을 찾느라 지갑이나 가방을 뒤적거리면 "먼저 앉아서 차분히 찾아보세요." 하고 양해해 준다. 서 있는 상태에서 찾다 보면 차가 흔들려 위험할 수도 있고, 뒤에 타는 손님들도 기다려야 하니 불편하다. 이때, 어떤 승무사원들은 "뒤에 타야 되니까 먼저 타세요, 타세요!" 하며 날카로운 목소리로 재촉하는데, 오히려 승객의

불안을 더 가중시킬 수 있다. 언제나 침착하고 친절한 목소리로 말하는 습관을 들이자.

6. 고객이 내릴 승강장 놓침

승무사원의 부주의로 버저를 눌렀는데도 정차하지 않고 가 버린 경우, 꼭 정중하게 사과를 한다. 이때 화를 내며 "미리미리 나와 계셨어야죠!" 하는 꾸짖는 말은 절대 하지 말자. 만약 승객이 깜박하여 내릴 신호를 주지 않아서 정거장을 지나친 경우, "네 그러셨군요, 고객님. 죄송하지만 이번 승강장에서 하차하신 후 반대편에서 다시 탑승해 주시기 바랍니다."라고 말한다. 승객이 "여기서라도 빨리 내려 주세요!"라고 요구할 경우 "도로 사정이 위험하니 다음 역에서 내리셔야 합니다." 하고 대답하라. 정차 구간을 한참 지난 곳에서 승하차를 하는 것은 원칙적으로 불법이다.

7. 거슬러 줄 잔돈이 없을 때

승객이 돈통에 돈을 미리 냈는데 거슬러 줄 잔돈이 없다면? "계좌번호를 알려 주시면, 저희가 바로 송금해 드리도록 하겠습니다." 하고 대답하면 된다. 승객이 화를 내더라도 어쩔 수 없다. 아니면 뒤에 탑승하는 승객이 현금을 낼 경우 거기서 지불해 주는 방법도 있겠다.

8. 승객이 잔돈을 안 받고 그냥 갈 때

꼭 "승객님, 잔돈 나왔습니다. 가져가십시오." 하고 알려 주어야 한다. 일부 승객이 나중에서야 잔돈을 못 받은 것을 알고 승무사원에게 서운한 감정을 표출하는 글이 종종 인 터넷상에 보인다. 10원이라도 소중한 법이니 꼭 말해주도 록 하자.

| 교통약자 응대법

"교통약자"란 장애인, 고 령자, 임산부, 영유아를 동반 한 사람, 어린이 등 일상생활 에서 이동에 불편을 느끼는 사람을 말하며, 전체 인구의 4분의 1인 25.2%를 차지하 고 있다. 초보운전자나 여성 운전자, 고령운전자도 도로 상의 교통약자라 볼 수 있다.

여기에 취객, 환자, 양손에 짐을 든 주부 등을 합하면 30% 까지로 측정할 수 있을 것이다.

이것이 진정한 서비스다

1. 고령자 - 나이 들었다고 무시하지는 않나요?

흔히 고령자는 노화와 질병에 시달리고 사회, 경제적 지위가 낮아지는 연령층이라는 편견이 있지만, 고령자 중 병원이나 시설에서 지내는 비율은 단 4%에 불과하다. 최근 고령층에 진입한 세대는 이전의 세대와 다르게 구매력을 갖췄으며 건강관리와 취미생활 등 자신을 위한 소비에 적극적이다.

2. 영유아 동반자 - 너무 매섭게 바라보지 말아요

영유아 동반 가족의 경우 아이들과 함께 다닐 때 영유아가 울거나 소란을 끼치면 주변 사람들에게 민폐를 끼친다는 심리적 압박감이 있다. 갑작스러운 상황에서도 침착하게 대처할 수 있도록 배려하는 한마디가 중요하다. 영유아의 생체리듬은 누구도 예측할 수 없으므로 아이의 컨디션은 언제라도 나빠질 수 있다. 어른도 누구나 처음에는 어린아이였음을 기억하고 배려심을 보이자.

3. 지체장애인 - 지나친 시선은 금물

지체장애는 팔과 다리, 또는 몸통에 장애가 있는 것을 말한다. 지체장애인은 장애 정도에 따라 목발, 보조기, 의족이나 의수, 휠체어 등의 보조기기를 사용하기도 한다. 이런 보조기기는 장애 당사자의 신체 일부와 같으므로 허락 없이 만지거나 주인과 분리하여 보관하여서는 안 된다. 지나친 시선은 장애인에게 불편할 수 있으니 주의가 필요하다.

4. 뇌병변장애인 – 인내심을 가져요

뇌병변장애는 뇌신경이 손상되어 운동기능이 마비된 상태를 말한다. 뇌병변장애인은 목 가누기, 걷기 등 신체 조절에 어려움이 있으며 표정의 움직임, 발음, 발성, 음식을 씹고 소화하는 기능이 떨어지기도 한다. 자주 지적장애가 있다는 오해를 받지만, 그런 경우는 드물고 많은 사람들이 평균이상의 지능을 가지고 있다. 뇌병변장애인이 말하는 내용을 알아듣기 어려울 때는 다시 한번 이야기해 달라고 요청하고 언어장애가 심할 경우 글이나 문자, 필담 등을 보조적으로 활용하면 좋다.

5. 시각장애인 – 구체적으로 말해요

시각장애인은 완전히 볼 수 없는 경우와 일상생활에 지장

이것이 진정한 서비스다

을 받는 저시력으로 나뉜다. 대개 지팡이나 안내견을 떠올리지만 편견으로, 보조기기나 안내견 없이 생활하는 경우도 많다.

시각장애인과 대화할 때는 항상 현재 상황과 관련된 정보를 구체적으로 제공하라. 물건의 위치를 알려줄 때는 기본이 되는 위치를 정한 뒤에 시계 방향으로 위치를 설명한다. 좌석을 안내할 때는 장애인의 손을 의자 뒷부분이나 팔걸이에 놓아 주는 것도 좋다. 특히 뜨거운 물건이나 장애물 등이 있을 때는 정확하게 정보를 주어야 한다. 시각장애인은 안내견과 함께 다니기도 하는데 안내견은 버스나 지하철 등 대중교통을 이용할 수 있고 공공장소에도 드나들 수 있다. 이유 없이 출입을 거부하면 300만원 이하의 과태료가 부과되도록 정해져 있다.

6. 청각장애인 – 눈을 마주쳐요

청각장애인도 소리를 전혀 들을 수 없는 경우와 어느 정도 들을 수 있는 난청으로 구별된다.

청각장애인과 소통할 때에는 눈을 마주치는 것이 중요하다. 구화로 소통이 어려울 때는 필담을 활용하고 명확하고 간결하게 표현한다. 구화가 가능하면 대화할 때 마주 보고 자연스럽게 말하되 입모양을 뚜렷이 하고 짧은 문장을 사용한다.

7. 발달장애인 – 스스로 판단하게 존중해요

발달장애는 인지적 제한으로 인해 개념, 사회, 행동에 어려움이 있는 장애로 크게 지적 장애와 자폐장애로 분류된다. 지적장애는 지능지수가 낮아서 사람들과 소통하거나 자력으로 일상생활이 어려운 장애이고, 자폐장애는 다른 사람들과 어울리고 의사소통하는 데 어려움을 겪는 장애다. 자폐 장애인 중에는 감각 자극에 극도로 민감하여 변화를 싫어하고 소리를 지르거나 자기 머리를 때리기도 한다. 그럴 땐 표현되지 못한 생각이나 마음이 있음을 인정하여 주어야 한다. 가령 똑같은 행동을 반복하거나 순서화된 행동의 경우 안정감을 느끼려는 행동일 수 있음을 알아야 한다.

발달장애인들은 스스로 선택하고 판단할 수 있도록 도와주어 자기결정권을 보장하는 것이 중요하다.

이러한 기본 지식을 갖추고 교통약자들을 바라본다면 한

이것이 진정한 서비스다

결 배려심이 피어나지 않을까?

운전자는 특히, 스쿨존(어린이 보호구역), 실버존(노인 보호구역)에서
는 특히 운행에 주의해야 한다. 아이들이 도로에 갑자기 뛰
쳐나오기도 하고, 고령자는 청력 및 시력 감퇴로 인해 주변
을 인지하는 능력이 떨어져 차량이 오는 것을 확인하지 못
할 수도 있다. 확인이 가능해도 반사 신경이 젊은이들보다
늦다.

특히 움직이는 물체에 대한 판별능력이나 야간의 조명 적
응능력이 상대적으로 부족하다. 보행 능력이 저하되어 보
행 궤적도 불규칙하고, 보행 중 휴식을 위하여 갑자기 아무
곳에서나 멈춰 서는 경우가 많다. 자동차가 접근해도 반응
을 보이지 않거나(특히 후방에서 접근하는 차에 대해서 더욱 그렇다) 일단
시작한 행동을 중간에 멈추지 않기 때문에 횡단을 시작한
후에는 자동차가 접근하거나 적색신호가 되어도 횡단을 계
속한다.

따라서 보호구역에서는 어린이나 고령자가 나타나더라도
피할 수 있도록 30km/h이하로 서행하고, 언제든 돌발 상황

에 대처할 수 있도록 운전에만 집중해야 한다.

　장애인 역시 주변 상황에 대해 인지하는 기능이 떨어질 수 있으므로 방심은 금물이다. 경적을 울려도 듣지 못할 수 있고, 차가 오는 것을 보지 못하거나, 인지하였어도 금방 움직일 수 없기도 하기 때문이다.

　어린이, 고령자가 보이면 속도를 줄이고, 횡단보도 보행에 어려움을 겪는 교통약자가 있을 때는 신호가 바뀐 후에도 안전하게 횡단을 마칠 수 있게 기다려줘야 한다. 장애인 탑승차량 혹은 영유아 탑승차량처럼 승하차 시간이 걸리는 차량이 앞에 멈추었을 때는 경적을 울리지 말고 여유롭게 기다려준다. 앞차가 교통약자 운전자일 경우도 마찬가지다. 차간거리를 평소보다 널널하게 유지하고 재촉하지 말고 배려운전하자.

　교통약자는 법규 준수 및 교통참여자와 소통하는 데 상대적으로 어려움을 겪는다. 먼저 교통약자를 배려하고 존중해야 사고를 방지할 수 있다. 승객과 메모로 의사소통을 해야 할 상황에 대비하여 종이와 펜을 준비해 놓는 것도 좋다.

　여기서 잠깐 알아두면 좋은 상식 하나, 장애가 없는 사람

　　　　　　　　　　　이것이 진정한 서비스다

을 가리켜 일반인 또는 정상인이라고 표현하는 것은 잘못된 표현이다. 장애를 가진 사람은 일반적이지 않고 비정상인 사람으로 들릴 수 있기 때문! 장애가 없는 사람은 '비장애인'이라고 하면 된다. 또, '휠체어 장애인'이라고 하면 사람이 아니라 보조기기에 초점을 맞춘 표현이 되므로, '휠체어 사용자'라고 칭하는 것이 객관적이고 중립적인 표현임을 알아 두자.

교통약자는 대부분 행동이 느리고 쉽게 신체 중심을 잃는다. 그래서 차량 내에서 넘어지거나 차내 부속물과 부딪힐 확률이 높다. 따라서 급제동이나 급출발과 같은 운행은 특히 위험하다. 이동에 어려움이 있는 승객이 탑승할 시에는 승하차 시 별도의 도움이 필요한지 물어본 후 응대하도록 하자. 당연히 승객이 좌석에 안전하게 앉은 다음 출발하여야 한다. 버스 승무사원은 백미러를 통해 교통약자를 틈틈이 주시하고 있어야 한다. 특히 고령노인이 탑승할 시엔 눈을 마주친 후 행선지를 물은 뒤 보호석에 앉도록 지시하고, 내릴 시 앞문으로 하차시켜 안전히 내리는지 끝까지 확인한 후 출발하도록 한다.

'눈 맞추기'는 승무사원에게 특별히 요구되는 태도이다. 교통약자인 승객이 무사히 탑승하는지, 혹은 운행 중 불안한 상태에 있는지 여부를 확인할 수 있으며, 승무사원 스스로의 안전의식도 높아지는 셀프 이미지 메이킹의 효과가 있다.

교통약자를 위하여 승무사원들은 기본적으로 어떤 태도를 지니고 있어야 할까?

다음과 같은 사항을 먼저 살펴보자.

1. 노약자 탑승 시

- 차내 탑승객에게 안내를 한다.

"어르신께서 안전하게 자리를 잡을 때까지 잠시만 기다려 주시기 바랍니다."

"어르신께서 탑승하셨는데 안전을 위해 자리를 양보해 주시면 감사하겠습니다."

- 자리를 양보해 준 승객에게는 꼭 "고맙습니다." 하고 사례의 말을 한다.
- 노약자에게 안내를 한다.

이것이 진정한 서비스다

"안전하게 천천히 올라오세요."

(자리가 없는 상황) "출발합니다. 손잡이 꼭 잡으세요."

"앞문 가까이에 앉으세요."

2. 노약자 하차 시

• 꼭 노약자가 완전히 하차할 때까지 기다린다.

"발 조심 하십시오. 괜찮습니까. 출발하겠습니다."

"계단이 미끄럽습니다. 조심하십시오."

"앞문 열어드릴 테니 천천히 내리십시오."

3. 휠체어 이용승객 탑승 시

"휠체어를 이용하는 승객을 안전하게 고정시켜 드리고 출
발을 해야 하니 승객 여러분의 이해를 부탁드립니다."

"휠체어 고정석을 이용해야 하니 장애인 지정석에 앉으신
분은 자리를 양보해 주시기 바랍니다."
  -정류장 진입 시 휠체어 이용 승객을 확인하게 되면 먼저
   차내 승객에게 장애인 승차로 인한 지연운행에 대해 안
   내를 하여야 한다.
  -그 후 뒷문의 장애인용 리프트를 내려 휠체어가 안전하
   게 승차할 수 있도록 돕는다. 이때 버스의 안전장치를
   적절히 조치하여 안전사고가 발생하지 않도록 한다.

이것이 진정한 서비스다

[저상 버스에서 휠체어 탑승 시]

❶ 원활한 승하차를 위해 인도에 탑승장치(경사로)가 닿을 수 있도록 승하차 지점을 준수하여 인도 가까이 붙여서 정차한다.

❷ 인도에 휠체어 경사판이 안정적으로 닿도록 작동한다.

❸ 교통약자석을 접고 휠체어 공간을 마련한다.

❹ 휠체어를 안전하게 고정하고 출발한다.

• 승하차에 다소 시간이 걸려도 귀찮은 내색을 하지 않도록 주의한다.

• "천천히 하세요." 한마디가 승객의 마음을 편안하게 한다.

• 휠체어 외 유아차, 실버카, 보행 보조차도 경사로를 사용하여 저상버스에 탑승할 수 있다.

4. 아이가 차내에서 뛰어다니거나, 장난을 치고 있어 위험할 시

• "장군감이네(미스코리아네)" 칭찬하며 "버스 출발하니 엄마(아빠) 손 꼭 잡아라."라고 부드럽게 당부한다.

• "아이 손을 꼭 잡아주세요."라고 보호자에게 당부한다.

• 어린 아이는 면역력이 약하기 때문에 함부로 손으로 얼굴을 만지거나 사탕 등 다과를 주지 않도록 하자.

• 어린이에게는 어린이가 이해할 수 있도록 쉬운 용어로

설명해 주자.

5. 임산부 탑승 시

• 노약자 대응법과 똑같이 승객들에게 자리를 양보해 달
라고 부탁한다.

"임산부석에 앉으신 분은 비켜 주세요."

• 임산부의 배에 불쑥 손을 대는 것은 불쾌감을 줄 수 있
　다. 또, "출산하고 나면 살 빠질 거예요.", "꼭 모유 수
　유하세요!", "둘째 계획은 있으시죠?" 등의 사적인 이
　야기는 삼가도록 하자.

여기서 잠깐, 어딘가 몸이 불편해 보이는 장애인이 탑승

　　　　　　　　　　　　이것이 진정한 서비스다

할 때는 명심해야 할 것이 있다.

때로 사람들은 장애인은 무조건 힘들고 불편할 것이기 때문에 마땅히 도와주고 동정을 표해야 한다고 생각하는데, 이는 장애인에게 오히려 불편함과 모욕감을 초래할 수 있다. 그렇기에 도움을 주기 전에 먼저 '물어보는' 것이 좋고, 불필요한 동정심을 보이는 일은 삼가야 한다. 또, 시각장애 승객과 동반하는 안내견의 탑승을 거부하는 것은 불법이라는 사실을 기억하자. 마찬가지로 택시나 버스와 같은 여객 운수용 자동차는 유아용 카시트 미설치 사유로 '영유아 및 동반자 승차거부'를 정당화할 수 없다.

Attitude + Skill + Knowledge (ASK)

= Customer Satisfaction

예의바른 태도와 + 부드러운 운행 + 상대에 대한 지식

= 고객의 만족

그렇다면 위의 지식을 가지고 좀 더 심화된 교통약자 대응방법을 살펴보자.

1. 예의바르게 행동하라

 승객에게 먼저 도움을 원하는지 정중히 물어보아야 한다. 도와주기 전에 허락을 받으라. 예를 들자면 "무거워 보이는데 짐을 좀 들어 드릴까요?", "제가 좀 도와드려도 되겠습니까." 정도로 친절히 물어보면 된다. 장애인은 자신이 언제 도움이 필요한지 안다. 장애인이 말할 때까지 기다리고, "어디가 아프십니까?"라고 묻지 않고 예의를 갖추어 "어떻게 도와드릴까요?"라고 묻는다. 어떻게 도움을 주어야 할지 모를 때는 물어보는 것이 가장 좋은 방법이다. 장애인의 경우 요구 사항이 많을 수도 있다. 이때 귀찮은 티를 내지 말자. 이들의 요구는 생명, 안전과 관련이 있음을 명심하여 진심 어린 서비스를 제공하여야 한다. 같은 맥락으로 어린 영유아를 태워줄 때 보호자가 버거워하면 "아가야, 내가 좀 들어다줄까?", "어머님(아버님), (아이 옮기는 것을) 좀 도와드릴까요?" 하고 먼저 '묻는다.' 상대가 의사표시를 하지 않았는데 멋대로 친절을 베푸는 것은 때로 부담과 불쾌함을 초래할 수 있다.

2. 다른 사람에게 하는 것과 똑같이 대우하라

 특히 장애인에게, 비장애인을 대우하는 것과 유달리 차이

이것이 진정한 서비스다

가 나게 대우하지 말자. 장애인이 할 수 있는 것과 할 수 없는 것을 멋대로 재단해서는 안 된다. '사람'에게 집중하되, '장애'에 집중하지 말자. 지나친 친절은 오히려 장애인에게 자신을 얼마나 다르게 생각하는지 상기시켜 주게 된다. 같은 의미로, 어렵게 차에 탑승하였다고 해서 "잘하셨습니다." 등으로 칭찬하는 말 또한 기분이 나쁠 수 있다. 장애인과 그 가족에 대한 지나친 찬사는 부담스러울 수 있다. 장애인에게 자연스럽고 평범하게, 그냥 한 사람으로서 대우하라. 또, 장애가 외형적으로 두드러지게 나타나는 승객을 빤히 바라보는 행동, 지나치게 동정하는 언행은 삼가야 한다. 호기심에서 비롯된 사적인 질문을 하는 것도 좋지 않다. ("결혼은 했느냐" 등)

3. 일대일로 대면하라

만일 장애인이나 노인 등 거동이 불편한 사람을 부축하고 도와주는 동행이 있더라도, 말을 걸 때는 '당사자에게' 이야기를 하라. 장애인을 무시하고 동행인에게만 말을 거는 것은 당사자에게 의사가 없다고 생각하는 것처럼 보이며, 이는 마치 당사자의 정신 능력이 떨어진다고 생각하고 있다고 전하는 것과 같다. 가장 많이 하는 실수가 '장애 당사자'와 대화하지 않고 '동행인(가족, 보조인)'과 대화하려는 것이다. 장애 당사자를 응시하며 이야기하고, 동행인에게도 무조건 '보호자'라고 호칭하는 것은 성인 장애인에게 불쾌감을 줄 수 있으므로 주의해야 한다. 의사소통이 어려워도 인내심을 가지고 대화를 시도하는 것이 곧 존중이다.

장애인 중에는 키가 작거나 나이보다 어려 보이는 경우가 있다. 겉모습만 보고 판단하여 반말을 사용하지 않도록 주의하고, 성인으로 대접하도록 한다. 또, 발달장애가 있는 승객이라도 연령에 맞게 존칭어를 사용하여야 한다.

마찬가지로 만일 아이가 부주의한 행동을 보일 경우엔 먼저 아이를 향해 "그렇게 행동하면 위험해요~" 하고 주의를 시키고, 그래도 행동을 멈추지 않으면 그때 보호자에게 정중히 케어를 요청하도록 하자.

4. 참을성을 가져라

장애인을 포함하여 교통약자 승객 중에는 무언가를 말하거나 행동하는 데 있어서 어려움을 겪는 경우가 있다. 이때는 재촉하지 말고 충분한 시간을 가지고 기다려야 한다. 만

이것이 진정한 서비스다

약 그들의 말을 잘 이해하지 못했다면, 알아들은 척하거나 추측하지 말고 다시 물어보면 된다. ("죄송하지만 다시 한번 말씀해 주시겠습니까?") 언어장애가 심한 장애인과 대화할 때는 글이나 문자, 필담, 보완대체의사소통기기 등을 보조적으로 활용하면 좋다. 간단한 메모지나 펜을 구비해 두라.

시각에 문제가 있거나 장님인 승객이 탑승할 경우, 말로 주위 환경을 설명해 주는 것은 큰 도움이 될 수 있다. 계단이 몇 층 정도 된다든가, 어디에 카드 단말기가 있다든가 등등 장애인의 위치에 맞추어 설명한다. "어서 오세요."라고 먼저 말하여 승무사원의 위치를 통해 대강의 거리를 짐작케 할 수도 있다. 말을 잘 알아들을 수 없다고 인상을 구기거나 재촉하지 않도록 하자. 또, 시각장애인에게 버스 노선을 알려주고 내릴 때 도움이 필요한지 먼저 물어보도록 하자.

5. 시각 장애인의 경우, 함께 탑승하는 도우미견을 함부로 만지지 말라

도우미견은 공공장소나 공공교통시설에 타는 것이 허용되어 있다. 이는 법에 의해 보호받는 권리이며, 시각장애인은 도우미견을 데리고 식당, 가게, 택시, 버스 등 어떤 곳이

든지 갈 수 있다. 허나 이때 도우미견을 함부로 쓰다듬거나 음식을 주어서는 안 된다. 도우미견의 신경을 분산시켜 주인을 충실하게 모시지 못하게 하는 버릇을 들일 수 있기 때문이다. 이러한 일은 때에 따라서 주인을 위험에 처하게 할 수도 있다.

6. 얼굴을 바로 마주보라

청각에 문제가 있는 승객의 경우, 얼굴을 똑바로 마주보고 승객이 입술 모양을 읽을 수 있도록 하라. 입을 가리거나, 눈을 돌린 채로 말하지 말라.

크게 소리를 지르거나, 마구 손짓을 하거나, 느릿느릿하게 이야기할 필요는 없다. 그냥 명확하게 말하라. 눈높이를 승객과 맞춘 상태에서 이야기하면 된다.

청각장애인과 소통할 때는 눈을 마주치는 것이 중요하다. 구화로 소통이 어려운 경우에는 필담(메모)을 활용하되, 명확하고 간결하게 표현한다. 구화가 가능한 청각장애인과 대화할 때는 마주 보고 자연스럽게 말하되 입 모양을 뚜렷이 하고 짧은 문장을 사용한다. 전화 번호, 이동 방향 등 중요한 정보는 적어 주는 것도 좋은 방법이다.

이것이 진정한 서비스다

때로 청각에 문제가 없는데도, 장애인이라는 이유만으로 큰 소리로 말하는 사람이 있는데 꼭 삼가야 할 태도이다. 모든 장애인이 들을 수 없거나 지능이 떨어지는 사람은 아니기 때문이다.

7. 도움을 줄 때는 내가 지탱할 수 있도록 하라

시각장애인이거나 기동성이 떨어지는 승객이 도움을 요청하는 경우, 승객의 팔을 잡지 말고, 나의 팔을 내밀거나 어깨를 잡도록 해주라. 특히 아무리 도움을 주기 위함이라도 여성 승객의 동의 없이 신체를 함부로 접촉하는 것은 불쾌한 일이니 주의한다.

교통약자가 승차하고 있는 경우에는 가능한 한 부드럽게 차량을 주행하도록 해야 한다. 특히 차량을 출발시키거나 멈출 시에는 각별히 조심한다. 급출발, 급제동은 당연히 해선 안 된다. 불필요한 차선 변경도 피하는 것이 좋다. 도로의 튀어나온 부분이나 움푹 꺼진 부분을 지나칠 때는 속도를 서서히 늦추며 부드럽게 지나간다. 가능하면 울퉁불퉁한 노선은 피한다. 코너를 돌 때는 천천히 움직여야 균형을 잡는 데 어려움을 겪는 교통약자들이 갑작스럽게 넘어지지 않을 수 있다.

　시야가 어둡거나 장님인 승객에게는 탑승 시 미리 목적지를 물어보고, 목적지에 거의 다 다다랐을 때 미리 통지해 주는 것이 좋다. ("다음 정거장에서 내리시면 됩니다.")그렇게 함으로써 승객이 서두르지 않고 천천히 내릴 준비를 할 수 있기 때문이다.

　택시 승무사원이 해야 할 배려도 이와 크게 다르지 않다. 승객 탑승 시 차량 문에 찍히거나 의자와 부딪히지 않도록 도와주고, 하차 시에는 "직접 열어 드릴 테니 문을 열지 마세요."라고 한 후 내려서 문을 열어준다. 안전하게 하차할 수 있도록 도와주고 문을 닫는다.

　임산부, 영유아 동반 승객이 탑승했을 경우 완만한 길로 운행하고, 평상시보다 부드럽게 운행한다. 택시에 휠체어나 유아차를 싣고 내려야 하는 경우 잠시 하차하여 적극적으로 서비스한다. 트렁크를 고정할 수 있는 끈을 구비해 두면 휠체어나 유아차 등 부피가 큰 물건을 실을 때 유용하다. 보행이 어려운 승객을 위하여 승하차가 용이한 평지 근방에 정차하도록 한다. 특히, 시각장애 승객이 탈 때는 "머리를 부딪치지 않게 조심하세요."라고 말하고, 승객의 손을 문 손잡이에 닿게 해주면 안전하게 승차하는 데 도움이 된다. 안전벨트 탈착에 어려움을 겪고 있는 경우 도움이 필요한지 의사를 확인한 후 행동하면 좋다.

이왕이면 승객이 안전한 장소(인도나 보행에 지장을 주는 장애물이 없는 장소)로 갈 수 있도록 도움을 주는 것이 좋다. 하차 시 승객이 넘어지거나 하차 후 차도나 장애물 때문에 사고가 발생할 경우, 운전원에게 민·형사상 법적 책임이 발생할 수 있으므로 주의해야 한다.

임산부, 영유아 동반 승객이 탑승하면 완만한 길로 평상시보다 부드럽게 운행하자. 장애인 승객이 탑승했을 때는, 장애 사유와 같은 사적인 질문은 삼가자. "잊으신 물건 없으신지 확인해 주십시오.", "안녕히 가십시오."라고 친절하게 마지막 인사를 하면 완벽!

| 불만승객 응대법

불만은 자신이 기대한 혹은 지불한 만큼의 대가가 돌아오지 않는다고 느꼈을 때 생긴다.

승무사원으로 일하다 보면 종종 서비스나 기타 다른 사항 때문에 불만을 토로하는 승객을 만날 수 있다. 어떻게 대응하는 것이 좋을까? 승객의 입장에 맞춰 차근차근 응대하는 법을 배워 보자.

1. 먼저 승객의 말을 경청한다.

승객의 말을 끊지 말고, 끝까지 들어야 한다. 이야기를 들어주는 것만으로 대부분의 승객의 분노는 가라앉기 마련이다. 도중에 말을 끊지 말고, 승객이 하고자 하는 이야기를 마칠 때까지 '듣고 있음'을 나타내는 눈빛과 태도로 경청한다. 중간중간 고개를 끄덕여 주고, 눈을 맞추며, 안타까운 표정을 지으며 승객의 의사를 알고 있다는 표시를 내도록 한다.

2. 승객의 입장에서 생각하고 상황을 이해한다.

승객이 왜 화를 내고 있는지, 무엇이 승객의 비위를 거슬렸는지 이해하려고 노력해야 한다. 언뜻 공감이 가기 힘들더라도 그 승객이 말하는 태도나 선택하는 어휘를 살펴 '왜 지금 이 상황에서 화가 났는지'를 알아들으려고 해야 한다.

이것이 진정한 서비스다

그렇게 시도할 때만이 승객이 무슨 말을 듣고 싶을지, 무슨 해결책을 원하는지 빠르게 캐치할 수 있고, 분쟁하는 시간도 짧아진다.

3. 감정적인 표현이나 논쟁은 삼간다.

승객과 싸우려고 들지 말고 감정을 통제하며 이야기해야 한다. 맞불은 맞불을 낳을 뿐이다. 이미 화가 나서 따지고 있는 승객에게 감정적으로 욱하여 대응해 봤자 좋은 결과가 나오지 않을 것은 불 보듯 뻔하다. 처음부터 끝까지 정중함을 유지해야 하며, 같이 화를 내는 일은 절대 없도록 한다. 간혹 화가 난 승객을 가라앉히기 위해 웃음을 짓는 경우가 있는데 도리어 승객을 자극할 수 있기 때문에 조심하도록 한다. 승객이 소리를 지르며 언성을 높일 경우 "목소리를 낮추라."고 지시하지 말고, 먼저 자신이 낮은 목소리로 천천히 이야기하여 승객이 스스로 목소리가 큼을 인지하도록 유도해야 한다.

4. 승객이 제기한 불만 원인을 파악하고 잘못된 부분은 사과한다.

"죄송합니다."라고 먼저 진심으로 말하면 대부분의 승객의 분노는 반은 가라앉게 된다. 고객의 불만을 이해하지 못하겠다는 식으로 나오거나 사과를 회피하는 모습은 변명으로 비춰져 도움이 되지 않는다. "많이 불편하셨겠습니다." "당연히 승객님 입장에서 많이 힘드셨겠습니다."와 같은 정중한 화법이 좋다. 만약 승객이 욕설을 섞어가며 항의를 해서 진정시키기 어려운 경우 "정말 죄송합니다. 저도 승객님 입장이 충분히 이해가 갑니다. 그런데 승객님께서 그런 표현을 사용하신다면 제가 상황에 맞는 도움을 드리기 어려울 것 같습니다. 조금만 진정하시고, 이야기해 주시면 제가 도와드릴 수 있도록 하겠습니다."라고 화를 가라앉히기 위해 노력하는 모습을 보인다.

| 이런 응대는 하지 말자!

올바른 응대법이 있다면 되려 엎친 데 덮친 격으로 상황을 악화시키는 응대법도 있다. 어떤 식의 응대가 그러한 경우일까? 추천하지 않는 나쁜 응대에 관하여 알아보자.

1. 승객의 말에 흥분하거나, 승객을 무시하고 가르치려고 들기

가장 저지르기 쉬운 실수로 승객과 담판을 지으려고 하는 경우다. 승객은 이미 화가 나서 따지려고 마음을 먹고 말을 꺼냈다. 그런 승객에게 역정을 내거나, 되려 승객의 잘못을 가르치려고 한다면 이야기가 좋게 끝날 가능성은 저 멀리 날아간다. 상황을 악화시키기만 할 뿐이므로, 결코 해서는 안 될 응대법이다.

2. 정당화하거나 책임을 회피하기

'정당화'의 개념을 잘 살펴봐야 한다. 승객이 조금 막무가내로 자신의 불만을 이야기하고 있고, 주장이 억지스러워 보이는 경우 차근차근 "불편을 끼쳐드려 죄송합니다. 하지만 그것은 이러이러한 문제 때문에 그러합니다."식으로 이야기하는 것은 괜찮으나, 분명히 승객의 말에 일리가 있고, 승무사원이 잘못한 부분이 인지되는 경우임에도 "이건 나도 어쩔 수 없다"식으로 배 째라 변명하는 것은 통하지 않는다. 자신이 잘못한 것 같다는 생각이 조금이라도 든다면 먼저 승객 입장에서 생각하도록 사고를 전환해야 한다.

3. 아무 반응도 보이지 않거나, 영혼 없는 사과하기

마치 승객이 투명인간인 듯 "네, 네"만 반복하며 응대하거나, "죄송하다"는 말만 건성으로 되풀이하고 대안을 제시하지 않는 것도 나쁜 응대 방법에 속한다. 승객 입장에서는 사과를 받아도 받은 것 같지가 않고, 구색만 갖추려고 한다는 의심을 지울 수 없다. 물론 진심으로 사과를 반복하는 것만으로 화를 푸는 승객도 있을 수 있으나 이왕이면 "다음부터는 이런 일이 없도록 하겠습니다." 혹은 "이러이러하게 하면 해결될 것 같습니다."라고 이야기해 주는 정도의 친절함을 발휘하자.

항상 승객의 입장에서, 승객이 지금 무슨 말을 듣고 싶은지 생각해 본다면 의외로 문제는 쉽게 해결될 수 있다. 승객의 말을 인정하고, 논리적으로 이야기해 준다. 승객의 불만을 몇 번이고 진지한 태도로 눈을 맞추며 들어준다면, 아무리 화가 난 승객이라도 가라앉게 될 것이다. 승객이 무리한 요구를 할 경우에도, 입장을 충분히 "이해"하고 있음을 인지시킨 후 납득할 수 있게 설명을 하도록 한다.

이것이 진정한 서비스다

| 불만승객을 딱! 만났다면?

승무사원은 도로뿐만 아니라 사람을 상대하는 직업이다. 기본적으로 서비스업인 것이다. 사람을 만나고 의사소통을 해야 하는 직업이라면 그 만남에서 오는 차질도 극복하고 감정을 통제할 수 있어야 한다. 순간의 실수로 감정이 격해져 큰 싸움으로까지 번지면 반드시 후회하게 된다. 자신의 감정을 잘 다스려 늘 차분한 자세를 유지하도록 한다. 승객과 다툼이 있은 뒤 마음이 가라앉지 않은 채로 운전한다면 사고가 발생할 수 있으므로, 택시의 경우 잠시 차를 멈추고 쉬도록 하고, 버스의 경우 심호흡을 하면서 정차 시에 마음을 가다듬도록 한다.

세상의 모든 잘못이 내 잘못이 아니듯, 불만승객이 나에게 화를 낼 때는 그가 가진 분노가 누적되어 있다가 나에게 와서 터졌다고 볼 수 있다. 그러므로 억울한 마음이 있더라도 그러한 사실을 인지하고 내가 모든 승무사원을 대신해서 이 승객의 불만을 받아낸다고 생각해 보자. '나'에게 왜 이래? 하고 울상을 짓는 것보다 이 사람은 '승무사원'에게 이러이러한 점 때문에 화가 났구나, 하고 여겨라. 스트레스도 줄어들고 훨씬 냉철하게 대처할 수 있을 것이다.

위와 같이 생각한다 하더라도, 조직이 아닌 '나'에게는 아무런 잘못이 없다고 생각하지는 말자. 어쨌든 승객은 나의 차량을 이용했고, 그 와중에 불만이 발생했으니까. 특히나 "버스(택시)기사들은 이래서 문제야!"식으로 뭉뚱그려 이야기하는 데 대고 "그럼 버스(택시)회사에 항의하세요!"라고 할 수는 없지 않은가? 그런 말을 하게 된 승객이 그동안 비슷한 문제로 분노를 쌓아왔다고 생각하고, 공감을 하며 들어 줘야 한다.

불만을 따지는 승객을 대할 때 처음부터 마지막까지 항상 견지해야 하는 태도는 승객의 입장에서 문제를 바라보는 것이다. 승객이 왜 이렇게 화가 났을까 생각하며 역지사지로 감정을 느껴보자. 그러한 관심을 바탕으로 대답을 해 줄 때만이 승객도 이해받고 있음을 느낄 수 있고 이심전심이 되어 화를 누그러뜨린다. 딱 잘라 선을 그어버리고 합리적인 이야기만을 한다 한들 승객의 마음이 풀리는 일은 없을 것이다. "나는 사람을 상대하고 있다." 이 말을 늘 기억해 두도록 하자.

이것이 진정한 서비스다

특히 화가 난 승객을 대할 때 많은 말은 아무런 도움이 되지 못한다. 말을 "하는 것"과 "듣는 것" 중 무엇이 더 스트레스가 풀리겠는가? 전문가의 입장으로 이것저것 설명해 주고 싶은 마음이 들더라도, 일단은 승객의 말을 전부 다 경청한 후에 상대의 반응을 봐가면서 적절하게 응답하자. 승객은 일단 자신의 화를 다 토로하는 것이 우선순위이다. 승객을 돕는다고 생각하고 먼저 말을 잘라버리고 이야기하는 것은 불만만 더 키우기 십상이다. 나의 말보다 승객의 말을 우선시하자.

다음은 승객이 가진 불만 종류별 응대 요령이다.

1. 전문가처럼 보이고 싶어 하는 경우

유창하게 이야기하며 권위적인 느낌을 풍긴다. 예절을 깍듯이 지키며 겸손한 듯이 말하고 전문가처럼 행동하지만 자기 확신이 강해서 설득하기 힘든 타입이다. 이런 승객의 경우 말을 경청하는 태도를 보이며 "말씀해 주셔서 감사합니다.", "잘 알고 계시네요." 등으로 수긍을 해가며 승객을 높여주면서 친밀감을 조성한다. 반론을 제기하거나 자존심을 건드리지 않도록 하고 대안이나 개선책을 제시하되 스스로가 납득할 수 있도록 정확한 근거를 이야기하여 사실에 입각하여 말한다. 대화 "저도 승무사원으로 일한 지 10년째입니다." 등 경력이나 전문성을 강조하지 말고 문제해결 자체에 초점을 맞추어 승객의 요구사항에 대해 가능한 방법이 무엇인지 차분히 이야기한다.

2. 결단력 없고 우유부단한 경우

요점을 딱 부러지게 말하지 못하고 자신의 요구사항이 합당한 것인지에 대해서 스스로 의구심을 갖고 있는 경우다. "잘 모르겠지만….", "혹시 괜찮다면….", "어떻게 좀 했으면 좋겠어요." 등의 어휘를 사용한다. 이럴 경우 시의적절한 질문을 통해 승객이 자신의 생각이나 기대를 솔직하게 드러낼 수 있도록 한다. 규정에 근거하여 적절한 절차를 성실히 안내해 문제를 해결할 수 있도록 사후조치에 만전을 기하고 신뢰감을 높인다.

3. 쉽게 흥분하며 저돌적인 경우

모든 상황을 자신의 입장에서만 생각하며 말을 하는 도중에 말허리를 자르고 끼어들기도 하는 모습을 보인다. 불안

이것이 진정한 서비스다

감을 갖고 있는 승객이라 생각하고 겁먹거나 위축되지 않고 정중하게 대한다. 논쟁을 벌이거나 같이 화를 내서는 안 된다. 부드러운 분위기를 유지하되 음성이나 표정에 웃음이 섞이지 않도록 조심해야 한다. 비웃음으로 여겨질 경우 도리어 항의하는 사람을 자극할 수 있기 때문이다. 흥분을 인정하고 스스로 감정을 추스를 수 있도록 시간을 주도록 하자. 직접적으로 진정하라고 요청하기보다는 스스로 감정을 조절할 수 있도록 달래는 것이 중요하다. "불편을 드려 죄송합니다. 많이 화가 나셨죠.", "최대한 도움이 될 수 있는 방법을 찾아보겠습니다." 등으로 대응하는 것이 좋다.

4. 과장하거나 가정하여 말하는 경우

"지금 하지 않으면 큰일 난다.", "만약에 ~하면 책임질 수 있느냐."식으로 사실을 부풀리거나 발생하지 않은 일에 대해서 가정하여 이야기를 한다. 정면으로 반박하거나 말로 설명하려 들지 말고, 사실에 근거하여 말하도록 유도하는 게 좋다. 객관적인 자료를 제시하며 응대하고 말한 내용을 기록하고 정리하여 해당 기록 사항을 근거로 제시하며 대처하도록 한다.

5. 같은 말을 반복해서 말하는 경우

"이런 내용을 말씀하셨는데 이렇게 해드리면 될까요?" 등 말을 요약해서 확인해 준다. 충분히 이해했음을 알리고 확실한 결론을 내어 전달한다. 노골적으로 말을 끊고 설명을 하려고 하지 않는다. ("잠깐 제 말 좀 들어보세요.") 말이 많다는 것은 감정의 기복이 심하다는 뜻이므로 계속 공감의 말을 통해 안심시키는 것이 좋다. 회피하려는 인상을 주면 불만이 가중될 수 있으니 신속히 결단하도록 하자.

6. 무리한 요구를 하며 소리 지르는 경우

자신의 입장만 생각하기 때문에 요구가 합당하지 않다는 것을 인지하지 못하는 경우다.

우선 충분히 입장을 이해하고 있음을 알리고, 스스로 무리함을 알 수 있도록 차근차근 설명한다. "목소리 좀 낮추세요." 등으로 맞불을 놓는 것은 삼간다. 외려 승객이 아닌 승무사원이 목소리를 낮추고 말을 천천히 함으로써 승객도 자신의 목소리가 크다는 사실을 인지하도록 유도하는 것이 좋다.

이것이 진정한 서비스다

참고문헌

안상헌, 『모든 것을 고객 중심으로 바꿔라』, (주)살림출판사, 2004.08.30.

박원영, 「유혹하는 고객서비스」, 북포스, 2018.08.30

시외버스 출발 안내방송

승객여러분 안녕하십니까? 손님여러분의 즐겁고 안전한 여행을 위해, 지금부터 여러분이 타고 계신 시외버스 내 안전운행에 대한 협조 요청의 말씀을 드리겠습니다. 먼저 승객여러분께서는, 차량 운행 중에는, 좌석에 설치된 안전벨트를 꼭 착용해 주시기 바랍니다. 아울러 교통사고 또는 화재 등 비상사태 발생 시 승무원의 안내에 따라 차량 밖으로 탈출하는 등 신속하게 행동해 주시기 바랍니다.

탈출 시 문이 열리지 않을 경우, 문 옆에 설치된 스위치를 수동으로 돌려놓으면 문을 열 수 있습니다. 만약 앞문을 통해 대피가 곤란할 경우, 버스 앞뒤 창틀에 설치된 비상망치를 사용하여, 창문 모서리 부분을 부순 후, 후속차량에 주의하여 안전지대로 대피하시기 바랍니다. 탈출 시에는 노인, 어린이, 여자 등 약자가 먼저 탈출 할 수 있도록 도와주시기 바랍니다.

화재 발생 시에는, 차량 앞뒤에 배치된 소화기로, 바람을 등지고 안전핀을 뽑은 후, 노즐을 불이 난 곳을 향하고 손잡이를 눌러 발사하여 진압에 협조하여 주시길 바랍니다. 터널 내에서 사고 발생 시

승무사원 서비스학 개론

에는, 승무원의 안내로 비상유도 등을 따라 외부 안전지대로 대피해 주시기 바라며, 비상벨을 눌러 사고 발생을 알리고, 휴대전화를 이용하여 112 또는 119로 신고하여 주시기 바랍니다.

 저희 승무원은 승객여러분의 안전을 위하여, 운전 중 휴대전화를 사용하지 않고, 난폭운전과 졸음운전을 하지 않는 등, 안전한 운행에 최선을 다할 것을 약속드립니다. 승객여러분께서도 차량 운행 중 안전을 위하여, 안전벨트를 풀고 좌석을 이탈하는 일이 없도록 하여 주시고, 휴대폰은 진동이나 무음으로, 통화 시에는 소리를 작게 하여, 옆 승객에게 방해가 되지 않도록 하여 주시기 바랍니다.

 또한 차량 내부는 금연구역이오니, 건강을 위하여 금연에 협조하여 주시기 바랍니다. 승무원의 휴식과 승객여러분의 용무를 위하여, 우리 버스는 2시간 운행 후 약 15분간 정차하여, 잠시 휴식시간을 갖도록 하겠습니다. 오늘도 편안하고 안전한 여행이 되실 수 있도록 최선을 다하겠습니다. 감사합니다.

Part 07

감정노동,
어떻게
처리하나?

감정노동은 업무를 하는 과정에서 노동자가 자신의 감정 상태를 통제하고 고객에게 맞추는 것이 요구되는 형태의 노동을 의미한다. 우리가 알고 있는 직무 중 흔히 은행원·승무원·전화상담원처럼 직접 고객을 응대하면서 자신의 감정을 뒤로하고 손님을 친절하게 맞이하며 서비스해야 하는 것이 우선되는 직업을 가진 종사자들이 감정노동을 하는 주된 일꾼들이라 할 수 있다. 이들은 직업상 배우가 연기를 하듯이 어떠한 상황에서도 속내를 감춘 채 정형화된 친절함을 나타내며 손님을 대해야 한다. 보통 감정관리활동이 직무의 40% 이상을 차지하는 경우를 일컫는다.

이것이 진정한 서비스다

　감정노동을 오래 수행한 근로자의 상당수가 스마일마스크 증후군(smile mask syndrome)에 걸리는 경우가 많은데, 이 증후군은 밝은 모습을 보여야 한다는 강박관념에 사로잡혀 얼굴은 웃고 있지만 마음은 우울한 상태가 이어지는 등 겉모습과 심리상에 괴리가 생겨 스트레스를 받거나 식욕 등이 떨어지는 증상을 말한다. 설령 고객이 자신을 모욕하거나 부당하게 대우하여도 그에 관하여 자신이 느끼는 감정을 억누른 채 끝까지 친절한 가면을 써야 하므로 감정적으로 부조화가 초래되는 것이다. 이를 적절하게 해소하지 못하는 경우 좌절, 분노, 적대감 등 정신적 스트레스와 우울증을 겪게 되며, 심한 경우 정신질환 또는 자살로 이어질 수 있으므로, 감정노동 종사자들은 이에 대한 대비가 필요하다.

승무사원들 역시 승객들을 상대하면서 고품질의 서비스를 제공하기 위해 '감정노동'을 한다고 볼 수 있다. 친절하게 미소짓고 상냥하게 응대하는 일련의 과정을 겪으면서 스트레스가 발생할 수 있다. 또 간혹 겪는 취객이나 진상승객들로 인해 화가 쌓이기도 한다. 그렇다면 감정노동 과정에서 생겨나는 스트레스는 어떻게 해소해야 할까?

우선 부당한 대우를 받았다고 생각했을 때 이를 개인적으로 연관시키지 않는 지혜가 필요하다.

이를 **'적응하기'**라 부른다. 즉, '나를 일부러 무시하려고 한 것 아니야', '누구에게도 화를 냈을 거야.' 등으로 내게 잘못이 있었다거나 개인적으로 나를 모욕하기 위해서 험한 행동을 한 것이 아니라 그 사람의 상황이 그 사람을 그런 행동을 할 수밖에 없는 처지로 몰아넣었다고 생각하는 것이다. 우리는 길을 가다가 정신에 문제가 있어 보이는 사람이 의미 없이 삿대질을 하며 욕지거리를 한다고 해서 그것을 개인적으로 받아들이거나 상처를 입지 않는다. 그와 같이 진상승객이 기분 나쁜 행동을 하여도 '나'를 겨냥한 것이 아니라고 생각하면 한결 마음이 편해질 수 있다. '저 승객은 자신만의 문제가 있어서 저런 행동을 했을 것이다.', '우연히 내가 이 자리에 있었기 때문에 피뢰침이 된 것이지 나를 꼭 집어 모욕하려고 의도한 것은 아닐 것이다.'라고 생각하면 한결 마음이 편해지게 된다.

그 다음으로 쓸 수 있는 방법은 **'일과 자신을 분리하는 것'**이다. '나는 지금 연극을 하고 있어.', '나는 일 때문에 다른 사람이 된 거야.'라고 생각하고 즐거운 연극의 배역을 맡은 것처럼 친절함과 상냥함을 선보이는 것이다. 내가 훌륭한 연기를 선보여서 사람들을 즐겁게 해주어야겠다고 마음먹는다면 감정노동을 하는 데 있어서 부담이 훨씬 줄어들 것이다. 나는 '연기'를 하고 있으므로 어떤 상황이 닥치더라도 주어진 역할을 잘해내기만 하면 된다. 이 방법은 임무를 완수하겠다는 의무감과 동시에 일에 어느 정도 거리를 두고 감정적으로 떨어져 있을 수 있는 거리감 및 해방감을 유지하게 해주어 유용한 마인드 컨트롤 방법이 된다.

중간중간 이러한 역할을 하는 데 있어서 힘이 든다면, **'스스로 위로하고 격려하는 자기 암시나 혼잣말을 하는 것'**이 도움이 될 수 있다. 자신의 가장 친한 친구는 자기 자신이다. '괜찮다 ○○아, 너는 지금 잘하고 있어.'라고 혼잣말을 해주며 의욕을 북돋아 보자. 자신에게 가장 위로가 될 수 있는 말은 자기 자신이 제일 잘 알고 있다. 때문에 스스로에게 해주는 말은 감정적으로 힘든 상황에서 많은 도움이 된다.

이와 비슷하게 혼자서 할 수 있는 '분노조절훈련'도 유용한 방법이다. **심호흡을 하거나, 너무 시끄러운 자극을 피하고 혼자만의 장소와 시간을 가진다.** 좋아하는 것에 관한 관심사를 가지거나 내면적으로 상처를 준 사람에 대하여 나름의 용서를 통한 감정해소를 할 수도 있다. 정 힘들면 적당한 공간에서 소리를 지르는 것도 도움이 된다. 또, 심리적인

이것이 진정한 서비스다

상처가 계속 떠오른다면 그것을 해소하기 위해서 머릿속으로 싸우지 말고 '그만' 하면서 생각을 멈추거나 긍정적인 생각, 재밌는 생각을 하면서 부정적인 생각의 고리를 끊어버리는 것도 좋은 방법이다.

무엇보다도 일에서 떨어져서 집에 오면 아무 것도 하지 말고 멍하니 있지 말고, 취미생활을 하는 것이 좋다. 음악을 듣거나 직접 악기를 연주하는 등 심도 있는 취미 생활을 하자. 좋은 책을 읽거나 명상이나 호흡법을 배워두는 것도 좋다. 주말에 산림욕을 하면서 자연과 가까이하며 마음을 정화시키는 것도 스트레스 해소에 도움이 된다.

스트레스 해소에 가장 좋은 방법 중 하나가 **규칙적인 운동을 하는 것이다. 일주일에 3회 이상 격렬한 운동을 하면 심신 건강에 매우 좋다.** 엘리베이터를 타지 말고 계단을 오르는 것도 좋은 방법이다. 사람은 상황을 조절할 수 없을 때 무기력해지는데, 감정노동 역시 상황을 주도적으로 조정할 수 없는 데서 스트레스가 발생한다.

가만히 엘리베이터에 있는 것보다 계단을 타게 되면 내가

어느 정도의 시간을 들여서 계단을 오를지를 조절할 수 있기 때문에 스스로 주도권을 가지고 있다는 생각에 안정감이 주어지게 된다.

또 홀로 생활하는 것보다 친구 등 **대인관계를 통해 감정적으로 따스함을 유지하는 것**이 좋다. 동료들과 이야기를 많이 나눠라. 하소연을 하기도 하고 감정의 토로를 하기도 하면서 경험을 공유하면 서로의 대응방식을 배워나가며 지혜를 모을 수 있다.

또, 자신을 사랑하고 마음에 여유를 가지는 일을 하라. 이

때 건강한 수면습관은 매우 중요하다. 특히 **잠들기 전에 복잡한 생각을 하지 말고 좋은 생각을 하라.** 잠자기 전의 감정의 찌꺼기가 뇌에 입력되므로 자기 전만이라도 좋은 일, 감사한 일을 떠올리면 자는 동안 좋은 감정 상태를 유지할 수 있어 스트레스에 대한 면역력이 높아진다.

스트레스가 심해지면 자기비하가 생긴다. 감정의 노예가 되지 말자.

"내가 화가 났구나." 화가 났을 때 마음의 상태를 인정하고 들여다보는 것이 명상이다. 한 걸음 떨어져서 나를 객관적으로 바라보는 것이다. "나는 지금 슬픈 감정을 느끼고 있다.", "나는 지금 우울함을 느끼고 있다." 나 자신을 해설하는 해설사가 되도록 하라. 감정과 나는 별개라는 것을 인식하면 도움이 된다. "나는 지금 고통을 느낀다."라고 이야기하는 나는 누구인가? 스트레스가 나를 통과해 지나가도록 하자.

부정적인 감정은 전파가 빠르다. 승무사원의 감정조절이 중요한 이유가 여기에 있다. 승무사원이 운전 중 화를 내거나 욕설을 하면, 그 기운은 순식간에 차내에 전염된다. 승객들은 불편한 마음으로 내내 머물게 된다. 결국 나를 잘 조절하는 것은 내가 속한 집단과 공동체를 힐링하는 것과도 연관이 있는 것이다.

주위에 친절함을 베풀어라. 당신의 친절함이 전염되어 모두의 하루를 밝게 만들 수 있다. 힘든 상황이나 승객과 만나면 "상대방은 지금 아프구나." 하고 측은지심을 가지고 사람을 보자. "저 사람이 먼저 괴롭구나. 저 사람은 지금 스스로가 만든 지옥 속에 있다." 내가 그 지옥 안에 없다면 나는 상처받지 않는다.

마음의 부자가 되어야 여유가 생긴다. 많은 재산을 가지고 있어도 '더 가져야 한다.'고 생각하며 조바심을 치는 사람보다 재산이 적어도 '나는 행복한 사람'이라는 인식이 있으면 훨씬 심적으로 여유로운 생활을 할 수 있다. 자신을 사랑하는 것이 분노조절의 가장 좋은 방법이다.

만약 일을 하면서 극심한 스트레스를 느끼거나 자신이 많

이것이 진정한 서비스다

이 변했다고 생각하면 병원을 찾는 것도 좋다. 정식적인 의사와의 상담을 통해서 문제를 해결할 수 있기 때문이다. 또 상태가 안 좋다고 느낄 때면 중요한 결정은 잠시 미뤄두고 휴식기를 가지며, 일하지 않는 시간에 자신을 돌보아야 한다.

우리의 몸은 억지로 웃어도 행복호르몬 엔돌핀을 분비시킨다. 생각하는 것에 따라서 몸의 작용이 달라진다. 스트레스를 받아도 스트레스를 받는 상황이 좋다고 생각하면, 몸에 이롭게 작용한다고 한다. 항상 나 자신의 몸과 마음을 정원처럼 가꾸면서 나를 사랑하고 주변인을 사랑하는 생활을 하도록 하자. 그렇게 한다면 감정노동은 더 이상 힘든 노동이 아니라 즐거운 일과로서 나의 삶을 빛나게 해줄 것이다.

| 분노를 빨리 가라앉혀 주는 운동 방법이 있다?
거친 신체 접촉 활동(Gross Physical Impact Activity)!
축구, 야구, 탁구, 테니스, 골프, 배구 등, 손과 발을 이용해서 뭔가를 직접 때리거나 라켓 등 도구를 이용해서 때리는 운동들은 '분노'해소에 특히 도움이 된다고 한다!

이것이 진정한 서비스다

| 스트레스를 해소하려면?

1. 껌을 씹는다

껌을 씹으면 불안감이 낮아지고 스트레스가 해소된다. 무언가를 씹는 행위 자체가 뇌로 가는 혈류량을 늘려주기 때문에 아침에 잠이 덜 깼을 때도 껌을 씹는 것이 좋다.

2. 잠깐이라도 밖으로 나간다

야외활동, 워킹, 조깅 등 땀을 흘릴 때 감정에 긍정적인 영향을 주게 된다. 자연과 친해지도록 하자!

3. 진심으로 웃는다

웃을 때 눈으로만 웃지 말고 입 주위의 근육까지 이용하여 크게 웃는다. 크게 웃는 행위는 우리의 심장박동수를 낮춰주어 스트레스를 해소시킨다!

4. 라벤더 향기를 맡는다

라벤더 향기는 마음을 진정시켜 주는 효과가 있다. 라벤더는 진통제나 항우울제의 효과를 증폭시키기도 하므로 이와 같은 약을 복용할 시에는 사용 전 의사와 상담하자!

5. 음악을 듣는다 (승무사원의 경우 휴식 시)

자신이 좋아하는 음악을 들으면 스트레스를 해소시킬 수 있다. 일하기 전이나 일이 끝난 후 원하는 음악을 들으며 편안한 시간을 보내자!

4. 호흡에 집중한다

호흡에 집중하면 두렵고 부정적인 생각을 떨칠 수 있으며 우리의 몸도 긍정적으로 변화한다. 조용한 장소에서 편안하게 앉아 가슴과 아랫배를 상승시키고 복부를 확장한다. 코를 통해 숨을 들이쉬고 천천히 내뱉는다. 이를 10분 동안 반복하면 오케이!

5. 스스로에게 너그러워진다.

"다 잘 될 거야", "나는 할 수 있어." 등 자신에게 너그러운 마음을 보낸다. 스스로에게 너무 엄격해지지 말자!

6. 스트레스 받는 일을 종이에 적는다.

일기를 쓰듯이 자신의 스트레스를 객관화하여 적으면 한 걸음 떨어져 문제를 바라볼 수 있다. 노트북이나 휴대전화

이것이 진정한 서비스다

에 적어도 된다. 문제에 대해 솔직해질수록 좋다!

7. 스트레스를 받는 상황에 대해 친구나 가족 등 사랑하는 사람에게 말한다.

자신의 문제를 이야기함으로써 조언을 얻을 수도 있고 단순히 이야기하는 행위 자체를 통해서도 스트레스가 해소된다. 혼자만 꽁꽁 싸매두지 말고 적극적으로 대화를 통해 풀어버리자!

07. 감정노동, 어떻게 처리하나?

Part **08**

나는
배워 나가는
승무원

이번 장에서는 승무사원으로서, 그리고 한 시민사회의 일원으로서 범하지 말아야 할 실수에 대해서 알아보도록 하자. 먼저 오늘날의 핫이슈인 성폭력에 관하여 자세히 알아보고, 잘 모르기 때문에 범할 수 있는 아동학대에 대해서도 배운다. 이 둘을 배우는 이유는 승무사원으로서 손님들을 상대할 때 생길 수 있는 불편한 상황을 예방하기 위함이다. 때로 고의임을 알면서도 폭력을 저지르는 사람이 있지만, 본인의 행동이 문제가 됨을 알아차리지 못하는 경우도 있다. 과거에는 용납되었던 것들이 요즘 와서는 불편한 언행으로 인식되는 경우도 많고, 본인 스스로 그럴 의도는 아

이것이 진정한 서비스다

니었다고 해도 받아들이는 입장에서 불쾌함을 표시할 수도 있다. 그러나 걱정할 필요 없다. 모르는 것은 배우면 된다. 성숙한 시민은 꾸준히 사회에서 요구되는 지식과 예절에 대해서 배우고 경청한다. 승무사원도 예외는 아니다. 한층 나아진 서비스를 발휘하기 위하여 이러한 지식 정도는 갖추고 있어야 될 것이다. 먼저 '뜨거운 감자' 성폭력에 대해서 알아보도록 하자.

| 성폭력, 어디까지 알고 있는가?

미투 운동을 비롯하여 사회적으로 성폭력 등에 대해 날이 선 상황이다. 정재계를 비롯하여 숨어있던 많은 가해자들이 수면 밖으로 떠오르고 있다. 이들 중에는 성희롱인 줄 알면서도 자신의 위력을 믿고 행했을 사람과, 성희롱인 줄 모르고 무심코 던진 한마디가 큰 문제가 된 사람도 있을 것이다. 과연 성희롱의 정의는 무엇이고, 어떻게 예방할 수 있을까? 확실히 공부하여 두도록 하자.

성희롱의 정의는 "성에 관계된 말과 행동으로 상대방에게 불쾌감, 굴욕감 등을 주거나 고용상에서 불이익을 주는 등의 피해를 입히는 행위"로 요약할 수 있다. 성희롱을 포함한 성폭력이 발생하는 원인으로는 여러 가지가 있는데, 그중 일반적으로 남성의 저돌적 행동이 '남성다운 모습'이자 '낭만'으로 포장되고 여성들의 거부는 진심이라기보다는 '내숭'이며 '여성스러운 일면'으로서 받아들여지는 문화가 무의식중에 성폭력을 묵인하며 용인하게끔 하는 면이 있다.

또한 사회적으로 권력자인 남성이 사회적 약자인 여성을 차별하는 수단으로 성폭력이 저질러지기도 하는데, 특히 한국사회는 수직적인 상하관계와 위계가 강해 가족, 직장, 군대 등에서 서열에 따르도록 교육받는 경향이 크다. 이러한 사회적 환경 속에서 개인들은 자유로운 의사표현을 하기 어렵고, 성폭력이 발생해도 문제제기를 할 수 없는 위치이기에 속만 끓인다.

이렇듯 성폭력은 우리의 일상 속에 공공연하게 퍼져 있으며, 일부 '괴물'들만의 일탈적인 행동이 아니다. 따라서 우리는 이러한 한국사회의 문화적 측면을 비판적으로 바라보며 자기 자신을 성찰하고, 타인을 존중하며 차별이나 폭력이 발생하지 않도록 의사소통하는 노력을 기울여야 하겠다.

실제로 노출이 많은 옷을 입는 여름이나 밤늦은 시간에

이것이 진정한 서비스다

성폭력이 특별히 더 많이 발생하지 않으며, 이러한 통념 때문에 여성들의 몸과 행동에 성폭력의 원인을 돌리는 것은 공평치 못하다. 남성의 성욕의 표출은 관용적 시선으로 바라보면서 여성에게 순결과 정숙을 강요하는 것처럼 피해자의 행동이나 외모 때문에 성폭력이 발생하였다고 보는 것은 피해자에게 2차 피해를 가하는 것으로 진지하게 고민해야 한다.

과연 어떤 것이 성희롱일까?

-'술은 여자가 따라야 제 맛'
: 언어적, 육체적 성희롱이다.
여성에게 술 따르기를 강요
하는 행위는 남녀고용평등과
일·가정 양립 지원에 관한 법
률(이하 "고용평등법"이라 함)의 시행규
칙 '직장 내 성희롱을 판단하기
위한 기준'의 예시에서도 육체
적 성희롱 행위로 다루고 있다.

-'여자는 차 심부름이나 하면 되지' : 전통적인 성 역할에 기반하는 성차별적인 행위이나, 성희롱은 아니다. 성희롱은 성적 언동이 있어야 하는데 성차별적인 언행을 무조건 성적 언동으로 보지는 않기 때문이다. 여성 직원을 "아줌마"라고 부르거나 반말을 하는 것과 같이 여성을 비하하는 행동, 여성 직원에게 커피 심부름을 시키는 것과 같이 고정관념적인 성별 역할을 강요하는 행동은 성차별적인 행동으로서 해서는 안 되지만, 이러한 언동 자체가 "성적" 언동이라고 보기는 어렵다. 그러나, 이러한 행동은 직장 내 성희롱으로 발전할 수 있기 때문에 반드시 지양해야 하는 행동이다.

성희롱의 판단 기준에 대하여 좀 더 자세히 알아보자.

성희롱이라 함은 성범죄행위의 성립여부와 관계없이 성적 수치심 또는 혐오감을 일으키는 일체의 행위로서, **상대방이 동의하지 않은 성적행동과 요구 등 언어적, 신체적, 물리적 수단을 통하여 개인의 성적 자율권을 침해하는 행위**를 말한다.

이것이 진정한 서비스다

성희롱은 "직관적으로 피해자와 같은 처지에 있는 평균적인 사람의 입장에서 성적 굴욕감이나 혐오감을 느낄 수 있는 정도였는지를 기준"으로 심리, 판단한다.

상대방이 원하지 않는 행위란, 상대방이 명시적으로 거부 의사를 표현한 경우만이 아니라, 적극적으로나 소극적으로 또는 묵시적으로 거부하는 경우도 포함된다. 즉, 행위자의 성적 언동에 대해 반드시 직접적으로 분명하게 거부해야만 성희롱이 성립되는 것은 아니다.

피해자가 사회 경험이 부족하여 자신에게 가해지는 성폭력에 어떻게 대처해야 하는지 몰랐거나, 성폭력 가해자가 피해자의 상사와 같은 위치, 즉 피해자보다 강한 사회적 권한을 가지고 있어 적극적으로 대처하지 못한 경우도 많다. 따라서 성폭력 행위에 해당하는지 아닌지에 대한 여부는 피해자가 거부의사를 표현했는지 보다는 그 행위가 발생한 상황적 맥락과 경위, 그 행위의 정도나 양태 등을 종합적으로 검토해 보아 판단하게 된다.

여기서 중요한 것은, 성희롱 여부는 '성희롱을 한 행위자가 성희롱을 하려 했는지 아닌지의 의도'가 아닌, '피해자의

관점을 기초로 원했던 행위인지, 아닌지'를 중심으로 판단
한다는 것이다.

즉 성희롱을 하려고 한 의도 없이 이뤄진 행위도 성희롱
이 될 수 있다.

**성희롱 여부의 판단은 가해자의 의도 여부에 관계없이 피
해자가 어떻게 느끼고 어떤 영향을 받았는가**를 따져봄으로
이루어진다. 성희롱 행위자들 중 상당수는 자신의 행동이
성희롱임을 인식하지 못할 뿐만 아니라 자신의 행위가 상
대방에게 불쾌감이나 모욕감을 줄 수도 있다는 점을 전혀
예상하지 못하는 경우도 있다.

이것이 진정한 서비스다

여기서 잠시 성 인지 감수성이라는 개념에 대해 알아보자.

성 인지 감수성이란, 어떤 현실이 마치 객관적이고 중립적인 것처럼 보이나, 실제로는 남성중심적인 사고방식과 사회문화적 구조로 인해 여성과 남성이 처한 상황과 조건, 기대되는 요구, 의사결정권한 등에 있어 차이가 존재하여 이로 인해 성별로 다른 결과와 영향을 초래하게 되는 상황에 대해 인식하는 능력이다. 성별 간의 불균형에 대한 이해와 지식을 갖춰 일상생활 속에서의 성차별적 요소를 감지해 내는 민감성을 말하며, 이러한 문제점을 극복해 낼 대안을 찾아내는 능력까지도 포함한다.

다음은 간단한 성 인지 감수성 테스트이다.

1. 노출이 심한 옷과 같이 피해자에게 일정 정도 책임이 있는 사례도 있을 것이다.

2. 성적 제안을 했을 때 침묵한다는 것은 그 제안을 받아들인다는 의미이다.

3. 남자가 스킨십이나 성적인 접촉을 하기 전에 상대방에게 동의를 구한다는 것은 남자답지 못하다.

4. 상대방의 '싫다'는 표현 중에는 예의상 거절이나 좋으면서도 팅기는 경우도 있다

5. 혼자 있는 남자친구의 자취방에 여자가 흔쾌히 들어가는 것은 성적 관계를 허락하는 것이다.

6. 친밀한 관계라면 동의를 구하지 않아도 가벼운 스킨십 정도는 가능하다고 생각한다(어깨 두드리기 등의 가벼운 스킨십은 친근감을 표현하기 위해 가끔 필요하다).

7. 둘이서 함께 찍은 가벼운 스킨십 사진은 상대방의 동의 없이 내 블로그에 올려도 된다고 생각한다.

8. 남자라면 누구나 동영상을 보고 성적으로 야한 장면을 실천에 옮기는 환상을 가질 수도 있다.

9. 성폭력은 모르는 사람에게나 적용되는 것이지 데이트 성폭력이라는 건 있을 수 없다.

10. 성적인 농담에 대해서 불편해하는 것은 분위기를 깨는 것이므로 웃고 넘겨야 한다.

11. 여자들은 예쁘다, 섹시하다 등 외모나 성적 매력을 칭찬받는 것을 좋아한다.

12. 재미있는 농담에 성적인 내용이 일부 들어가는 것 정도는 괜찮다고 생각한다.

13. 피해자의 일방적인 느낌을 성희롱으로 인정하는 경우도 있을 것이다.

이것이 진정한 서비스다

14. 여자는 남자들이 일방적으로 강하게 밀어 붙이는 스타일을 솔직히 좋아한다.

15. 성적 접촉 시 적극적으로 거부행동을 못했다면 성폭력 피해에 대한 책임이 어느 정도 있다.

16. 성매매를 금지하면 성폭력 피해가 늘어날 것이라는 말에 일정 정도 동의한다.

위의 사항에서 정답은 모두 'X'다. 'O'를 선택한 사람은 왜 그런 생각을 가지게 되었는지 돌아볼 필요가 있다.

성희롱의 유형은 육체적, 언어적, 시각적 성희롱으로 나뉠 수 있다.

| 육체적 행위

- 입맞춤, 포옹 또는 뒤에서 껴안는 등의 신체적 접촉행위
- 가슴·엉덩이 등 특정 신체부위를 만지는 행위
- 안마나 애무를 강요하는 행위
- 안마를 해준다며 특정 신체 부위를 만지는 행위
- 블루스를 추자며 어깨, 허리, 등을 접촉하는 행위

- 테이블 아래에서 발로 다리를 건드리는 행위
- "노래방 가서 술도 한잔하고 놀자."며 팔짱을 끼고 억지로 차에 태우는 행위
- 업무를 보고 있는데 의자를 끌어와 몸을 밀착시키거나 얼굴을 지나치게 가까이 들이대는 행위
- 가슴이나 허벅지를 스치고 지나가는 행위
- 업무 과정에서 격려를 한다는 핑계로 머리나 등을 쓰다듬거나 엉덩이를 툭툭 치는 행위
- 손금을 봐준다면서 손을 끌어당겨 손을 주물럭거리거나 손깍지를 끼는 행위
- 술에 취해서 부축해 준다며 과도하게 신체적 접촉을 하는 행위

| 언어적 행위

- 음란한 농담을 하거나 음탕하고 상스러운 이야기를 하는 행위(전화, 문자, SNS, 메신저, 이메일 등 포함)
- 외모에 대한 성적인 비유나 평가를 하는 행위
- 성적인 사실 관계를 묻거나 성적인 내용의 정보를 의도

이것이 진정한 서비스다

적으로 퍼뜨리는 행위
- 성적인 관계를 강요하거나 회유하는 행위
- 회식자리 등에서 무리하게 옆에 앉혀 술을 따르도록 강요하는 행위
- 임신·출산·피임·생리현상 등과 관련하여 성적인 비유나 함의, 행위 묘사를 하는 행위
- 상대방을 성적 대상화하거나 성적 서비스 제공자로 대하는 언동

언어적 성희롱 행위 예시는 다음과 같다.

• "딱 붙은 옷 입으니까 섹시하고 보기 좋은데? 항상 그렇게 입고 다녀. 회사 다닐 맛 난다."
• "여자가 들어갈 때 들어가고 나올 데 나와야 하는데 넌 말라서 안 섹시해."
• "여자가 그렇게 뚱뚱해서 어떤 남자가 좋아하겠어?"
• "○○씨도 여잔데 미니스커트나 파인 옷 같은 것도 입고 다녀."
• "남자가 그리 비실거려 밤일이나 제대로 하겠어."

- "학생은 아나운서 지망생이라며, 몸매관리 좀 해야겠어."

- "밥 한번 먹자, 차 마시자."

- "술집여자같이 그런 옷차림이 뭐야?"

- "아가씨 엉덩이라 탱탱하네."

- "몸매 진짜 좋다. 누가 보면 처녀인 줄 알겠어."

- "남자는 허벅지가 튼실해야 하는데, 좀 부실하다."

- "운동하고 왔어? 어깨 한번 만져보고 싶다."

- "너 예전 사진 보니, 운동 좀 해야겠어. 언제 저런 엉덩이 다시 볼 수 있는 거야?"

- "아기 낳은 적 있어? 무슨 잔머리가 이렇게 많아? 아기 낳은 여자랑 똑같아."

- 자신의 성생활을 이야기하거나 상대방의 성생활 또는 성 정체성에 대해 질문하는 행위

- "어제 또 야동 봤지?"

- "○○씨랑 사귄다면서? 어디까지 갔어?"

- "오늘 치마 입고 왔네? 남친이랑 어디 가니? 불금이라고 오늘 외박해?"

- "요즘 왜 이렇게 살쪘어? 그래가지고 남친이 성적 매력을 느끼기나 하겠어?"

이것이 진정한 서비스다

- 원치 않는 성적 접근이나 성적 요구하는 행위
- "우리 ○○씨~ 우리 이쁜이~ 우리 애인 어제 잘 들어갔어?"
- "너 정말 이쁘다. 요즘 젊은 애들은 정말 이쁘다. 우리 사랑할래?"
- "카톡 프로필 사진 정말 이쁘다. 설레인다."
- "술 먹고 같이 자자."
- "우리는 여직원이 많아서 여자 나오는 술집 갈 필요가 없어."
- "술은 여자가 따라야 제맛이지. ○○씨가 부장님 술 좀 따라드려."

| 시각적 행위

- 음란한 사진·그림·낙서·출판물 등을 게시하거나 보여주는 행위
- 컴퓨터 모니터로 야한 사진을 보여주거나 바탕화면, 스크린세이버로 깔아놓는 것
- 야한 사진이나 농담시리즈를 카톡, 메신저 등을 통해 전송
- 다른 직원들 앞에서 자신의 바지를 내려 상의를 바지 속으로 넣는 것

- 성과 관련된 자신의 특정 신체부위를 고의적으로 노출하거나 만지는 행위
- 성적 언어를 쓴 메모나 편지를 전해주거나 외설적인 책이나 글을 보게 하는 것
- 음란한 손짓이나 몸짓을 하는 것
- 상대방의 특정 신체부위를 음란한 시선으로 쳐다보는 행위
- 가슴이나 엉덩이, 다리 등 특정 신체부위를 빤히 쳐다보는 것

이것이 진정한 서비스다

| 그 밖에 사회통념상 성적 굴욕감 또는 혐오감을 느끼게 하는 것으로 인정되는 모든 행동

- 성적 요구에 따르는 것을 조건으로 이익을 주겠다고 하는

  행위(임금 외 별도의 금원을 지급하면서 사적인 만남을 요구하는 행위)

- 원하지 않는 만남이나 교제를 강요하는 행위

- 좋아한다며 원치 않는 접촉을 계속 시도하는 행위

- 사적인 내용의 문자를 보내서 보내지 말라고 했더니 동료

  들 앞에서 인격적으로 무시하는 행위

- 직장 내 성희롱 행위에 대해 거절의 의사를 표시하거나 문

  제 제기 하였더니 불이익을 주는 행위

- 퇴폐적인 술집에서 이루어진 회식에 참석을 종용하는 행위

- 거래처 접대를 해야 한다며 원치 않는 식사, 술자리 참석

  을 강요하거나 거래처 직원과의 만남을 강요하는 행위

- 회식 이후 노래방에서 나오려는데, "여기서 나가려면 나랑

  한 번씩 포옹해야 나갈 수 있어."라며 신체적 접촉을 강요

  하는 행위

- 보고 싶을 때마다 보려면 간직하고 있어야 한다며 사진을

  보내라고 요구하는 행위

- 자신의 부부관계를 언급하며, 이혼할 테니 사귀자고 강요

하는 행위

이처럼 누가 보아도 성희롱임을 알 수 있는 사안과, 본인 입장에서는 농담이나 조언으로 던졌다고 생각되는 말이 문제가 되는 경우가 있다. 한 대학교수가 농담처럼 소속 학과 여학생들에게 "뽀뽀를 해주면 추천서를 만들어 주겠다.", "남자친구와 왜 사귀냐, 나랑 사귀자.", "엄마를 소개시켜 달라."는 등의 발언을 하고, 수업시간 중 백허그 자세로 지도하는 사례도 성희롱에 해당된다. 간단하게 어깨 토닥이기, 팔짱끼기 등도 상황, 맥락, 정도에 따라 직장 내 성희롱으로 볼 수 있다.

"나는 ○○씨가 골뱅이가 되는 걸 보고 싶어"(…) 골뱅이라는 말이 그 약물 강간 피해자를 이제 조롱하면서 희화하려고 남초 사이트, 그런 범죄 사이트에서 쓰이는 말이잖아요. 근데 말하고. 그분 직급 몰랐는데 되게 높은 거예요. 거의 상위 임원인데…. 심지어 사장이 예뻐해 가지고. 근데 그분이 알게 모르게 계약직 직원들 막 이렇게 집적거리고 그거 말고도 많더라고요. "

이것이 진정한 서비스다

"스무 살, 스물 한 살일 때 과장이고 마흔이 훨씬 넘었는데 "오빠랑 떡볶이 먹으러 갈래" 이래서 너무 어이가 없어가지고 그냥 무시를 했어요. 근데 밥을 먹으려고 앉았는데 굳이 제 앞에 앉더라고요. 다른 부서인데 (…) 내 앞에 앉아가지고, 또 오빠, 오빠 이런 식의 말을 하길래. 제가 코를 박고 그때는 아무 말도 못하는 때였거든요. 밥만 먹고 빨리 가야겠다. 근데 옆에서 남자 과장님이 무슨 오빠냐, 거의 아빠뻘인데 삼촌이 훨씬 넘었는데. 호칭 똑바로 해라 이렇게 경고를 했어요. 근데 아니 내가 두 살만 어렸어도 세진이랑 결혼했지 이런 말을 하는 거예요. 그래서 제가 바로 일어나서 밥을 버렸어요. 근데 과장님이 와서 자기가 너 가고 나서 엄청 경고했으니까 너무 상처받지 말라 이렇게 달래줬던 적이 있어요."

"회사에 있을 때 거기 사무직이 다 여자들이었는데 저희가 뭔가 거래처 챙겨야 하는 상황들 있잖아요. 뭔가 사업적으로 자문도 얻고 하는 그런 저녁을 대접하는 자리가 있었어요. 저녁 같이 먹고 2차로 노래방을 갔는데 막 뭔가 그렇게 어깨동무를 하더라고요. 저는 충격을 먹어서 다른 분한테 저거 성희롱 아니냐고 했더니, 다 여자 분이었는데 그냥 뭐 같은 조직 사람들은 아니니까 성희롱은 아니지, 이러고 넘어가고. (…) 막 손잡고 노래 부르고 원래 다 그런 것인지? 전 너무 충격 먹었거든요. 근데 그게 아직도 잊혀 지지가 않는 게 그러니까 뭔가 사업적으로 사람을 만난다기보다는 너무 그냥 뭔가 나의 섹슈얼리티를 파는? 이런 느낌이. 뭔가 분위기가 이상했거든요."

(출처: 한국여성민우회(2018),
회사의 조직문화를 고민하는 ○○의 책상 위에 올려놓고 싶은 책)

여성 직원에게 "나는 ○○씨가 골뱅이가 되는걸 보고 싶어"라고 범죄행위를 암시하는 말을 아무렇지 않게 내뱉고, 나이 차이가 많이 나는 남성 상사가 나이 어린 여성 직원을 연애의 대상으로 여기며 불쾌한 말과 행동을 하거나 이러한 행동들이 '허용되는' 분위기는 여성들이 성폭력 피해에 대한 목소리를 높이기 더욱 어렵게 만든다.

성희롱을 당한 피해자에게 "그 정도는 참을 만하지 않나?"라고 묻는 것은 무신경한 행동이다. 실제로 성희롱을 당한 여성들은 정신적 트라우마로 인해 힘든 시기를 겪는 경우가 많다.

이것이 진정한 서비스다

사례1 : A는 사장에게 성추행을 당하고 나서 심장이 두근거리고 먹지도 못하고 다른 어떤 일도 제대로 할 수가 없고, 작은 일에도 화가 나고 스트레스가 쌓여 마음의 평정심을 찾을 수가 없었다고 한다. 자신이 한심하고 비참하게 느껴졌다고 호소했다.

사례2 : 미혼 여성인 B는 유부남으로부터 메신저를 통해 음란영상물을 받으면서 경악과 수치심, 당황, 구토, 부끄러움 등 말로 형용할 수 없는 충격을 받았다고 한다.

"초기에는 분하고 억울하다가 문제 해결이 지연되면서 우울해진다. 분노에서 슬픔에서 무기력으로 가고 있는 것 같다. 처음엔 당당했는데 자꾸 업무 지적을 받으니 업무에 서조차 자신감이 떨어진다. 자신에게 가장 큰 문제가 성희롱 문제이지만 친구들에게 얘기하기 어렵다. 직장에서 싸이코, 정신과 치료를 받아보라며 나에게 문제가 있다는 식으로 얘기하는 건 가장 견딜 수 어렵다. 가장 걱정되는 것은 애써 문제제기한 사건이 허무하게 끝날 거 같다는 것이다."

"비참하고 원망스럽고 괴롭다. 처음에는 성희롱 당하면서 창피했고, 그 사실에 문제제기하자 친했던 정규직 지인들로부터도 따돌림을 당해 배신감과 분노를 느끼고 있다. 그러나 현재는 노동위원회에 제소해 놓은 상태라 직장에서 누군가가 보복을 해올까 봐 무섭고 두려운 상태다. 집에 누가 들어올까 겁나고, 길에서 성희롱 가해자를 만날까 봐 두렵다."

"겉으로는 의젓하고 의연하려고 노력하고 있지만, 자주 눈물이 난다. 그럼에도 부모님이 힘들어할까 봐 내 자신의 솔직한 마음을 털어놓을 수도 없다. 그 당시 너무 의연하게

이것이 진정한 서비스다

굴지 말고 막나갈 걸 그랬나 하는 생각도 든다. 너무 분해서 킬러 쓰는 방법까지 찾아봤다. 그들을 겁주고 싶었다."

무심코 던진 돌에 개구리가 맞아 죽는다.

성희롱은 성폭행, 성추행과 마찬가지로 피해자에게 깊은 상흔을 남긴다는 것을 기억하자.

버스나 택시 승무사원들이 던진 돌은 없을까?

택시를 탔는데 아저씨가 꼬치꼬치 연애 생활에 대해 캐물으며 "이쁘다.", "남자친구가 부럽다.", "어디까지 갔느냐."고 하며 은근히 허벅지를 실수인 척 스치거나 하는 경험을 한 피해자가 있고, 버스를 타고 금방 내렸더니 "저렇게 안 걸으니까 살이 찌지."하고 품평을 하는 승무사원도 있었다. "엉덩이가 크니 아이를 잘 낳겠네.", "아이구 처녀가 늘씬하니 이쁘네."와 같은 발언도 불쾌했다는 이야기도 있다. 즉 '성적대상으로 지목하는 언행'은 무엇이든 하지 말아야 한다.

과거에는 별 것 아닌 농담이나 칭찬으로 여겨졌던, 혹은 그렇게 여기는 척했던 발언이나 행동이 이제는 인격적 모독으로 여겨지는 시대가 되었다. "딸 같아서", "이뻐서" 그런 말이나 행동을 했다는 변명은 더 이상 통하지 않는다. 늘 역지사지의 입장에서 생각하며 자신의 언행에 주의를 거듭해야 한다. 성적인 수치심은 개인에게 큰 트라우마로 남겨질 뿐만 아니라 사회를 이루는 구성원들 모두가 병들게 하는 독이 될 수 있다. 성희롱 행위자가 되지 않으려면 음담패설 등을 자제하고, 외모나 사생활에 대한 지나친 간섭을 하지 말며, 불필요한 신체접촉이나 사적인 만남을 강요하는 것을 자제해야 한다. 상대방이 거부 의사를 표명했을 시 즉시 사과하고, 성희롱 예방 프로그램에 적극적으로 참여하는 것도 좋은 방법이다. 성희롱 행위자로 지목되었으면 사과와 함께 피해자의 요구 사항을 이행하고 징계가 합당하면 수용해야 한다.

만일 제3자로서 주변인의 입장으로 성희롱 피해를 목격하게 되면 피해자의 대응행동에 대해 적극적으로 지원하고, 피해자가 '제2의 피해'를 받지 않도록 주의한다. '피해자가 잘못해서 그랬을 것'이라는 말은 절대 하지 않는다.

이것이 진정한 서비스다

| 버스 및 택시 승무사원의 성희롱 및 성폭력·성폭행 사건 관련 내용

때로 성폭력이 분명함을 알고 있음에도 불구하고 이를 행하는 승무사원이 있어 공분을 사고 있다. 한 예로 여성 장애인을 상습적으로 추행한 60대 교통약자 콜택시 운전사가 법정구속된 경우가 있다. 재판부는 여성 장애인을 상습적으로 추행한 혐의(성폭력범죄의 처벌 등에 관한 특례법 위반)로 재판에 넘겨진 교통약자 콜택시 운전기사 A(67)씨에게 징역 1년 6개월을 선고했다. "상대방이 장애 때문에 추행을 당하더라도 제대로 대처하기 어렵다는 점을 이용해 지속해서 추행한 죄질이 매우 나쁘다"며 "초범이지만 피해자가 엄중한 처벌을 원하는 점을 고려해 형을 정했다"고 판시했다. A씨는 2013년 8월 2016년 9월 사이 교통약자 콜택시를 이용하는 30대 여성 지체 장애인 1명을 부축하는 척하며 엉덩이, 가슴 등을 16차례 추행한 혐의를 받았다.

또 다른 사례도 있다. 50대 택시 승무사원이 20대 승객을 성추행했다가 경찰에 붙잡힌 경우다.

서울 수서경찰서는 지난 10일 오전 7시께 여성 승객 A(20)

씨를 성추행한 정모(54)씨에 대해 강제추행 혐의로 구속 영
장을 신청했다고 11일 밝혔다.

경찰에 따르면 정씨는 서초구 사평역에서 '카카오 택시'
어플리케이션으로 택시를 불러 탑승한 A씨가 강남구 역삼1
동 주민센터 근처에서 하차하자 A씨를 뒤쫓아가 껴안고 억
지로 입을 맞추려한 혐의를 받고 있다.

택시로 A씨를 끌고 가려 했던 정씨는 A씨가 소리를 질러
주민들이 몰려들자 택시를 몰고 달아났다.

'카카오 택시'를 통해 택시를 부르면 기사의 휴대폰에 탑
승자의 휴대폰 전화번호가 남기 때문에 A씨는 처음에 진술

　　　　　　　　　　　　　이것이 진정한 서비스다

을 꺼린 것으로 알려졌다.

경찰은 A씨를 설득해 진술을 하도록 하고 A씨의 휴대폰에 남아있던 정씨의 전화번호로 전화를 걸었다.

정씨는 같은 날 오전 8시께 도곡지구대에 나타나 추행 사실을 인정한 것으로 전해졌다.

경찰 관계자는 "A씨가 보복을 두려워하며 신고를 하지 않으려 했다. 경찰이 설득해 신고를 하도록 했고 정씨를 붙잡게 됐다."고 전했다.

버스 승무사원이 이와 같은 행위를 저지른 일도 있다. 지적장애를 앓고 있는 여중생을 상습적으로 성추행한 시내버스 운전 승무사원 2명이 경찰에 구속된 경우다.

4월 19일, 경남경찰청 성폭력특별수사대는 19일 거제 모 운수업체 소속 시내버스 승무사원 윤모(56)씨와 김모(56)씨를 성폭력범죄의 처벌 등에 관한 특례법(장애인 위계 등 강제추행) 위반 혐의로 구속했다.

이들은 지난해 11월부터 12월까지 거제지역의 모 시내버스 종점에서 지적장애를 앓고 있는 여중생을 상습적으로 성추행한 혐의를 받고 있다.

경찰에 따르면 윤씨는 지난 2013년 초순께 여학생이 시내버스를 타고 늦은 시간까지 집에 가지 않는 것을 알고 목걸이와 반지, 머리핀 등의 선물을 사주며 환심을 샀다.

이후 윤씨는 SNS 문자메시지로 여학생과 연인 사이 같은 내용을 보내기도 했으며 버스 종점까지 데려가 수차례 성추행한 혐의를 받고 있다.

또 윤씨는 지난해 7월~9월에는 여학생을 술자리로 불러내 김씨에게 소개하기도 했으며, 김씨도 지난해 12월 시내버스 뒷자리에서 강제로 입맞춤을 하는 등 두 차례에 걸쳐 성추행한 혐의를 받고 있다.

피해 여학생은 정신지체 3급으로 정상적인 판단을 내리지 못하는 것으로 알려졌으며, 이들은 여학생에게 성관계를 요구하기까지 했던 것으로 전해졌다.

피해 여학생은 수개월에 걸쳐 상습적으로 성추행에 시달렸지만 자신과 가족의 신원이 노출될 것을 두려워해 주변에 도움을 요청하지 못하다가, 지난해 12월 담임교사가 학생의 휴대전화를 검사하다 이상한 내용의 메시지를 발견하면서 경찰에 신고했다.

경찰 조사에서 이들은 "버스에 태우고 종점까지 간 것은 맞지만 성추행을 하지는 않았다."면서 "여학생의 반응을 보려 한 것이지 성추행은 없었다."고 혐의를 부인했다.

물론 이와 같은 행위를 하는 질 나쁜 승무사원이 많지는 않을 것이다. 하지만 이와 비슷하게 실수를 할 수 있는 경우는 있다. 장콜과 같이 장애인을 특별히 운송하는 택시 승무사원들은 사전 교육을 받으나, 일반 택시 승무사원이나 버스 승무사원은 장애인을 어떻게 대해야 할지 잘 모르는 경우가 많다. 때문에 장애인을 운송하는 과정에서 실수로 부적절한 신체접촉이 일어날 수 있기 때문에 각별히 조심해야 한다. 먼저 의사를 묻고 행동하는 것을 철칙으로 삼자.

"말하기 전에, 쳐다보기 전에, 행동하기 전에" 5초만 생각하자.

나에게 장난이었으나 상대방에게 폭력일 수 있고, 나는 선의였으나 상대방은 불쾌할 수 있다.

만일 성희롱 피해자가 되었다면, 명확한 거부의사를 전하고 증거자료를 확보한 뒤, 주변에 도움을 청한다. 성희롱 전문상담기관에서 상담을 하거나 사내 고충처리위원에게 문제를 제기하고 법적 구제절차를 활용할 수 있다. 문제를 공론화시키고, 국가인권위원회에 진정서를 넣거나 민사상 손해배상청구, 소송제기를 할 수도 있다. 무엇보다 성희롱 피해자가 되지 않으려면 의사표현을 분명히 하고 성적인 언동이 일어났을 때 바로 이의제기를 하며, 원하지 않는 만남은 거절하고 회사에 예방대책을 촉구하거나 성희롱에 관한 사규 등을 확인하고 성희롱을 당한 동료와 공동대응을 하도록 하자.

| 아동학대, 어디까지 알고 있는가?

이번엔 승무사원이 승객으로 마주하게 되는 '작은 시민' 아동에게 실수로 행할 수 있는 잘못을 예방하기 위해 간단한 아동학대 예방 지식을 알아보도록 한다. 아동은 지적, 신체적으로 성인보다 미성숙하기 때문에 종종 얕잡아 보이거나 잘못을 했을 때 하대하는 방식으로 꾸짖음을 받는 대상이 된다. 그러나 아동에게도 인권이 있다. 특히 현대 사회에 이르러서는 점점 아동을 대하는 방식도 더욱 성숙해지는 추세이다. 이러한 상황에서 승무사원 역시 아동이 받을 수 있는 정신적 피해에 관하여 배우고 이를 예방하여야 한다.

　과거엔 정당한 훈육이었다고 여겨지는 행동들도 오늘날
에 이르러서는 해서는 안 될 폭력에 해당하는 일들이 많다.
한 예로 예전엔 남자아이의 바지를 벗기고 성기를 주무르
며 "크게 될 놈"이라고 하는 것이 애정의 표현이었지만 지
금은 심각한 성추행이다. 우리나라보다 그러한 의식이 먼저
자리 잡고 있던 미국에서 실제로 과거 한국인이 그 같은 행
위를 하다가 고소를 당하기도 했고, 마찬가지로 미국에서

초등학생을 가르치던 한인 교사가 숙제를 해오지 않았다고 체벌을 가했다가 직권이 박탈된 적도 있다.

이렇게 아동학대의 개념이 넓어진 것은 아마도 개인적 프라이버시를 소중히 여기고 아동들의 정신적 인권을 중요시하게 된 현대사회에서 당연한 수순으로 생성된 것으로 보인다. 때문에 구시대적 사고방식을 가지고 이전처럼 아동을 대해서는 안 될 것이다.

얼마 전 미국에서 한 아동들이 타고 있던 스쿨버스 기사가 아동학대 혐의로 체포된 적이 있다. 내용인즉, 아이가 시끄럽게 떠들면서 종이를 구겨 던지는 행위를 하자 참지 못하고 급브레이크를 밟아서 고의적으로 아이가 창에 머리를 부딪치게 하였다는 것이다. 기사는 그 후에도 욕을 섞어서 아이에게 고함을 질렀고 책가방을 메고 있던 아이를 버스 뒤로 질질 끌고 간 것으로 알려졌다.

이는 확실히 문제가 되는 경우라고 할 수 있다. 고의적으로 아동을 다치게 하였기 때문이다. 이는 우리나라에서도 적용될 수 있는 범죄다.

이것이 진정한 서비스다

아동복지법 제3조 제7호를 보면, 아동학대의 정의는 보호자를 포함한 성인이 아동의 건강 또는 복지를 해치거나 정상적 발달을 저해할 수 있는 신체적, 정신적, 성적 폭력이나 가혹행위를 하는 것과 아동의 보호자가 아동을 유기하거나 방임하는 것으로 나타나 있다.

여기서 알 수 있는 것은 아동학대에 '신체적' 폭력만이 해당되는 것이 아니라는 점이다. '정신적'폭력 또한 학대에 해당한다. 이는 '언어를 통해 정신적 상해를 입을 수 있다면' 이 역시 조심해야 한다는 것이다. 승무사원들은 이러한 개념을 어떻게 받아들이고 아동학대를 행하지 않을 수 있을까?

간혹 승무사원들이 어린 아이들이 장난을 치거나 가만히 있지 못하면 반말을 사용해 가면서 "너 이 자식, 앉아!" "자꾸 그러면 밖으로 내리라고 한다."라는 식으로 불호령을 내리는 경우가 있는데 이 역시 문제가 될 소지가 있음을 알 수 있다. "그럼 장난치고 위험한 행동을 하는 아이에게 뭐라고 해야 하는가?"라고 불평할 수 있다. 성을 내지 않고 "꼬마야, 그렇게 뛰어다니면 위험해. 자리에 앉거나 봉을

꼭 잡아 주겠니?"라고 친절히 말을 건네도록 하자. 만약 보
호자가 같이 탄 경우 보호자를 통해서 이야기할 수도 있다.
"아이를 꼭 잡아주세요."라고 우회적으로 말하면 된다. 아
이에게 직접적으로 욕을 섞어서 말하거나 큰 소리로 놀래
키지 말아야 한다.

　'정서학대'에는 언어폭력(소리 지름, 무시 또는 버리겠다고 반복적으로 말
함), 정서적 위협(공포 분위기 조성)도 해당한다는 것을 염두에 두

어야 한다. 아동 역시 하나의 인권을 가진 존중받아야 할 객체라는 것을 늘 생각하고 있도록 하자.

물론, 성적 추행으로 인식되어지는 행위를 해서도 안 된다.

위에 언급된 것과 같이 성기를 만지는 행위는 물론 불필요하게 가슴이나 팔을 쓰다듬거나 주물럭거리는 행위는 고소를 당할 수도 있는 사항이다. 성인에게 그와 같은 행동을 할 수 있겠는가? 아이라고 하여 그러한 행위를 받는 것을 좋아할 수는 없다. 아이를 하나의 인격체로 본다면 그런 행위를 할 수는 없을 것이다.

이와 같이 승무사원으로서, 그리고 시민사회의 일원으로서 알아보아야 할 오늘날 우리 시대의 핫이슈에 관해서 대략적인 이야기를 마쳤다. 그렇게 어려운 내용이 아니라는 것을 알 수 있었을 것이다. 꾸준히 배우려는 자세를 견지하고, 잘못을 시정해 나가려는 노력을 통하여 우리는 한 걸음 더 성숙한 시민이 된다. 앞으로도 배운 내용을 염두에 두고 생활하도록 하자.

Part 09

승객도
매너를
지키자

승무사원의 직무수행이 쉽고 중요하지 않다고 가정하기 때문에 종종 열심히 일하는 승무사원들을 경시하는 사회풍토가 있다. 그러나 승무사원으로서의 직업은 쉽지도 않고, 덜 중요하지도 않다.

스쿨버스로 아이들을 운송하거나, 도시 전역의 공공 시내버스로 승객을 운송하거나, 긴 도로 여행을 통해 전국의 여행자를 안전하게 운송하는 등 승무사원은 많은 곳에서 활동하고 있다. 승무사원은 승객과, 도로를 공유하는 다른 사람들의 안전을 포함하여 운전할 때 많은 것을 고려해야 한

이것이 진정한 서비스다

다. 승무사원의 임무는 우리 지역 사회의 많은 부분을 설정하는 필수적인 의무를 수행하고 있다. 수백만 명의 사람들이 매일 버스나 택시를 타고 다닌다. 승객들은 매일 대중교통 수단을 이용하고 있다.

우리는 승무사원을 매일 만나지만 그들이 지키는 의무를 포함하여 우리가 잘 알 수 없는 부분들을 쉽게 간과한다. 승무사원만 매너를 지켜야 하는 것은 아니다. '진상승객'도 존재한다. 자신이 돈을 내고 타는 승객이라는 이유로 '갑질'을 일삼는 '손놈'들 때문에 선량한 승무사원은 고생한다. 승객으로서 최소한으로 지켜야 할 예의를 지키지 않는 경우는 어떤 것들일까?

1. 반말과 폭언

승무사원인 A는 말을 함부로 하거나 침을 뱉고, 시비를 걸거나 반말을 일삼는 승객이 가장 싫다고 하였다.

가장 기본적인 예의조차 지키지 않는 경우이자 대표적인 진상 사례다. 승무사원과 승객은 상호존중의 관계에 놓여있다. '갑과 을'의 관계가 아니다. 승무사원을 종으로 알고 부리는 이러한 행태는 당연히 불쾌감을 초래한다. 돈을 주고 이용한다는 생각 때문인지 쉽게 반말을 하거나 명령조로 이야기하는데, 승무사원을 처음 보는 타인이라 생각하면 그런 행동이 나올 수 있을까? 나이가 자신보다 적든 많든 항상 '기사님'으로 호칭하고 존댓말을 사용하도록 하자.

2. 과속요구

A는 종종 안전운행을 하려고 해도 "늦었으니 빨리 가 달라."고 하거나 왜 차가 밀리느냐고 역정을 내는 승객 때문에 골치가 아프다. 버스에 타서까지 그런 말을 하는 승객이 있다고 한다.

출근 시간 등 정체가 심한 시간에 정상적인 방법으로는 빨리 갈 수 없는데도 자신의 입장만 고집하며 "빨리 빨리"를 외치는 경우다. 버스 승무사원에게 이런 말을 한들 알아서 빨리 가 줄 수는 없다. 택시 승무사원의 경우는 더 심하다. 신호 대기를 하면서 올라가는 시간 요금 몇 백 원을 더 벌려고 하는 것이 아니냐고 불평을 듣기도 한다. 이런 승객

이것이 진정한 서비스다

들의 요구대로 신호를 위반하거나 각종 얌체 운전을 해서 빨리 가다가 감시카메라에 잡혀 과태료를 내게 되는 것은 승무사원의 몫이다.

만약 정말 급해서 빨리 택시를 타고 목적지에 가야 한다면 일찍 일어나서 아침 8시 이전에 택시를 타는 것이 좋다. 그 시간 이후는 학생이나 직장인이 출근하는 시간이기 때문에 도로 사정이 좋지 않기 때문이다.

3. 급제동, 얌체운전 요구

A는 운행 도중 갑자기 "여기서 세워달라."고 요구하거나 불법 유턴을 요구하며 "여기서 틀어라."라고 하는 승객이 가장 곤란하다.

승객이 승무사원에게 급제동이나 얌체운전을 요구하는 경우다. 주로 운전에 대해서 잘 모르는 20대 초반까지의 어린 승객이 아무 생각 없이 "여기서 그렇게 갈 수 있지 않아요?" 하며 이런 요구를 할 때가 있는데, 어쩔 수 없이 요구를 들어주었다가 사고가 나게 되면 책임은 승무사원이 고스란히 짊어지게 되기 때문에 들어주지 말아야 한다. 승객

도 승무사원이 요청대로 할 수 없는 이유를 설명하면 더 이
상 고집을 부려서는 안 된다.

4. 행로에 대한 불평불만

*A는 승객이 원하는 운행경로를 따라 갔는데도 차가 막히
거나 시간이 지연되면 화를 내는 승객이 가장 싫다. 본인이
잘 모르는 길로 갔다고 의심을 하는 승객도 마찬가지다.*

승무사원이 정중하게 물어서 원하는 길로 갔음에도 적반
하장 식으로 나오는 경우다. 혹은 도로 체계를 잘 이해하지
못해서 생기는 사례이기도 하다.

신호체계가 복잡한 도심에서 이런 해프닝이 많다. 택시

이것이 진정한 서비스다

승무사원으로서 차근차근 설명을 해주어도 짜증을 낸다면 정말 답답할 것이다. 승객은 '혹시 이 기사가 날 속이는 거 아닌가' 하는 불안함을 가질 수 있다. 따라서 이 불안을 해소하기 위해 이 길이 맞는지, 어디로 가는지, 어떻게 가고 있는지를 묻는 것은 흠이 아니다. 하지만 질문이 아닌 '협박식'으로 거칠게 채근하며 모욕을 준다면 누구나 기분이 나쁠 것이다. 승객으로서 모든 경로에 대한 합의는 승차하자마자 이야기해 결정을 내리고 출발하고, 그 후에 질문을 할 때도 좋은 말로 물어보도록 하자. 그렇게 했음에도 시간이 조금 늦어진다면 그것은 승무사원의 책임이 아니다.

5. 아무 데서나 타고 내리는 손님

A는 차를 돌려서 나오기 힘든 협소한 곳을 들어가 달라고 하는 승객에게 가장 미안하다. 승객의 입장은 알겠으나 나올 때 차가 긁힐까 봐 거절을 해야 한다.

B는 버스 승무사원이다. 그는 신호 대기 중에 갑자기 달려와서 문을 두드리고 열어주지 않으면 화를 내는 승객이 가장 곤란하다.

버스 탑승의 경우 정류장에서 많이 떨어져 있으면 탈 수 없는 것이 맞다. 막 떠나는 버스를 향해 손을 흔들며 달려가는 승객에게는 자신을 무시하고 출발하는 버스가 매정하게도 느껴지고 몹시 허탈감을 느낄 것이다. 허나 버스 승무사원은 매우 타이트한 스케줄에 따라 움직이고 있기 때문에, 규정된 일정을 유지해야 한다. 때문에 멈출 때마다 고려해야 할 시간이 늘어나기에 가 버려야 하는 것이다.

각 버스가 운행되는 일정은 도시의 대중교통 시스템과 맞물려 있다. 버스가 몇 분 늦어도 해당 버스를 포함하여 앞뒤로 모든 일정이 틀어지게 된다. 그것이 도미노 효과처럼 작동하여 혼선을 빚게 되는 것이다.

이것이 진정한 서비스다

대부분의 사람들은 모르는 사실 중 하나가 버스 승무사원은 보통 특정 시간에 특정 정류장에 있어야 한다는 것이다. 경로를 마치고 나면 새로운 경로를 시작하는데, 새로운 경로가 오후 7시에 출발을 요구하지만 이전 경로에 시간을 소비하는 바람에 6시 57분에 차고지에 도착하는 경우 다시 출발하기 전에 3분 동안만 휴식을 취할 수 있다. 승무사원은 소변이 마려워도 중간에 쉴 수 없기 때문에 휴식시간이 매우 중요하다. 그러니 자신을 무시하고 지나가는 버스를 보더라도 너무 야박하다고 탓하지 말자.

많은 승객들이 잘 고려하지 않는 것이 택시 승하차 장소이다. 언제 어디서 타고 내리든 상관없는 것이 택시라고 생각할 수 있지만, 버스가 정해진 자리에 서는 것처럼 택시를 타고 내릴 때도 조금 더 승무사원을 배려해 줄 수 있는 방법이 있다.

먼저 도로 사정을 살펴서 택시가 타고 내리기 쉬운 곳을 고른다. 또 하차할 경우에 갑작스럽게 "여기서 내려주세요." 하고 불쑥 꺼내지 말고 조금 여유 있게 미리 말해주도록 하자. 특히 도로 한복판이나 좌회전, 우회전 등이 금지

된 곳에서 내려달라고 하거나 "이쪽에서 꺾어달라."고 하면 난감하다. 또 좁고 복잡한 골목, 차를 돌리기 어려운 곳까지 갈 경우에는 정중하게 양해를 구하자. 택시 승무사원도 빠져나오기 어려운 곳에는 가기 힘들다.

6. 취객의 행패

A는 야밤의 취객이 가장 싫다. 술을 먹고 주정을 부리거나 욕을 하고, 심지어 오바이트를 했는데도 배상하지 않고 떠나기도 한다. 목적지에 다 와서 깨우는데도 일어나지 않는 숙면승객도 마찬가지다.

이것이 진정한 서비스다

술 먹고 주정부리는 손님을 태우는 것보다 더 고역인 게 있을까? 택시에 구토할 경우 청소비용은 둘째 치고 냄새 때문에 하루 정도 영업에 차질을 빚는다. 게다가 술에 취해서 진상을 부리면 승무사원의 주의를 흩트리거나 운전에 방해를 주어 사고가 날 가능성도 높아진다. 용인시, 군포시, 파주시의 경우 택시 안에서 구토를 하는 등 차량을 더럽히는 승객에게 세차비와 영업손실비 명목으로 최대 15만원을 요구할 수 있게 되었으나, 약관이 강제성이 없고 가이드라인이란 한계가 있어 배상 금액을 놓고 택시 기사와 승객의 의견이 충돌할 경우 민사소송으로 해결할 수밖에 없다. 이런 불쾌한 일이 생기지 않도록 대중교통을 이용해야 할 때는 지나치게 취하지 않도록 하자.

드물지만 취객이 택시기사를 성추행하는 경우도 있는데, 만취 승객이 오히려 성추행을 당했다고 신고할까 봐 블랙박스 영상을 증거로 경찰에 고소하고 있는 것으로 알려졌다.

7. 담배를 피우는 승객

A는 차 안에서 담배를 피우는 흡연족을 어떻게 대해야 할지 모르겠다고 말한다. 자신이 비흡연자라 고통스러운

데도 아랑곳하지 않는다는 것이다. 더구나 다음에 타는 승객은 코를 킁킁거리며 자신을 원망하니 억울하다.

일명 '택시 흡연족'이다. 현행 국민건강증진법에 따르면 버스 등 16인승 이상의 교통수단만 금연구역으로 정하고 있기에, 법의 허점을 이용해서 담배를 피는 얌체족들이다. 여객자동차운수사업법에서는 운수종사자만 택시 내에서 흡연을 금지한다. 때문에 승객은 처벌할 규정이 따로 없다. 하지만 좁은 택시 안에서 담배 냄새를 맡아야 할 승무사원은 얼마나 고통스러울까? 그다음에 탈 손님의 입장은? 양심적으로 택시 안에서 담배는 피우지 말자.

8. 콜 해놓고 사라지기

A는 종종 황당한 일을 겪는다. 콜이 들어와서 운전해서 갔더니 승객이 온데간데없는 것이다. 허탈함은 둘째 치고 운전해서 올 시간에 받았을 손님을 생각하면 부아가 치민다.

열심히 달려갔는데 이미 손님이 사라지고 없다면? 배차된 택시를 기다려서 타지 않고 그냥 도중에 지나가는 택시

이것이 진정한 서비스다

를 타거나, 아무 이유 없이 배차를 취소하기도 하는 일종의 역승차거부(?)승객이다. 카카오블랙은 이를 막기 위해 예약 후 5분 안에 취소하지 않으면 기본요금인 8천 원이 그대로 결제되는 시스템을 마련했다. 달려온 기사의 정성을 봐서라도 갑자기 사라지지 말자. 혹시라도 택시를 바꿔 탈 경우 미리 부른 승무사원에게 연락을 미리 해 주어서 오는 수고를 줄여주도록 하자.

참고로 콜택시를 불렀을 경우 주변에 택시가 왔을 때 자신이 부른 콜택시인지 아닌지 정확히 알아보고 타야 한다. 택시가 주변에 도착했기에 자신이 부른 줄 알고 탔는데 알고 보니 그냥 지나가던 택시였고, 정작 부른 택시는 오는 중이었다는 케이스도 있기 때문이다. 이런 상황을 방지하기 위해 호출을 받은 택시 승무사원이 승객을 태우기 전 먼저 확인을 하기도 한다.

9. 음식을 먹거나 쓰레기를 남기는 행위

A는 뒤에서 바스락거리며 과자를 먹고 난 뒤 그대로 쓰레기를 버리고 내리는 승객이 싫다. 어떤 승객은 냄새가 나는 만두 같은 음식을 먹기도 한다. 차 안에서 먹지 말아달라고 하는데도 "손님인데 그런 것도 못하냐."고 적반하장격으로 나오는 승객도 있었다.

대부분의 대중교통 시스템은 정비소를 고용하여 차고에 주차된 각 버스에 필요한 정밀 청소를 부탁하지만, 승무사원 역시 교대를 완료한 후에도 잃어버린 물건을 찾거나 하루 동안 승객이 남긴 눈에 보이는 쓰레기를 수거해야 한다. 하루 종일 운전을 했는데 배려심 없는 승객이 남긴 쓰레기를 치우는 것은 정말 스트레스다.

택시도 다르지 않다. 택시 안에서 음식을 먹어서도 안 되고, 쓰레기를 남기고 가서도 안 된다. 기본적인 예의인데 은

이것이 진정한 서비스다

근슬쩍 봉지를 두고 도망가는 경우가 있다. 게다가 뒷좌석에 놓고 갈 경우 승무사원이 미처 발견하지 못해 그대로 방치해 두었다가 다른 손님이 타서 말하고서야 알게 되기도한다. 미리 알았다 하더라도 쓰레기를 치우는 동안 시간이 지체되기 때문에 승무사원 입장에서는 그만큼 손해이다.

택시는 밀폐된 공간이라 냄새가 배기 쉽다. 그러니 음식물 같은 냄새가 있는 것을 가지고 승차할 때는 미리 양해를 구해서 미안함이라도 비추자. 혹은 타기 전에 탈취제를 뿌리거나 포장재로 감싸는 정도의 성의를 보여도 좋다.

10. 개인적 일을 뒤에서 보는 경우

A는 뒷좌석에서 운전에 방해가 될 정도로 고함을 지르며 시끄럽게 통화하거나, 애정행각을 벌이는 커플이 있으면 난감하다고 말한다.

승객이 시끄럽게 개인통화를 하는 승무사원을 싫어하는 것처럼, 승무사원 또한 듣고 싶지 않은 개인사를 미주알고주알 떠들어대는 승객을 태우고 싶지 않다. 특히 승무사원이 존재하지도 않는 것처럼 눈치를 보지 않고 큰 소리로 욕

설을 하거나 애정행각을 하면 스트레스를 받는다. 공공장소
와 마찬가지로 택시나 버스 내에서도 타인을 배려해야 한
다. 승무사원은 마네킹이 아니다. 개인적 일은 개인적 공간
에서 하자.

11. 버릇없는 아이와 침묵하는 부모

A는 아이가 시끄럽게 떠들면서 장난을 치고 신발을 신은
채로 차 시트를 밟는데도 아무 말도 하지 않는 엄마가 어
이가 없다고 말한다.

아이가 신발을 벗지도 않고 시트 위에서 놀거나, 울거나
시끄럽게 떠드는데도 아무 제재도 가하지 않고, 무엇을 먹

이것이 진정한 서비스다

으면서 과자 부스러기나 아이스크림 등을 흘리도록 내버려 두는 부모다. 승무사원이 배려를 부탁하면 되레 화를 내는 부모도 있다. 아이 역시 승객이고 부모가 책임져야 한다. 특히 운전에 집중해야 할 승무사원에게 스트레스를 주는 행위는 곧 승객의 위험과도 직결된다.

12. 운전하는 데 말 걸기, 버스 안에서 음주가무

A는 버스 내에서 춤을 추거나 노래를 부르는 여행객들이 감당하기 버겁다. 운전에 집중해야 하는데 아랑곳없는 그들은 버스 안에서 파티를 연 것으로 착각하는 것 같다.

특히 전세버스 승객들이 간혹 이런 일을 한다. 승객은 버스 탑승 시 반드시 안전띠를 착용하여야 하고, 운행 중 안전띠를 풀고 보행하거나 춤을 추고 노래를 부르는 등의 가무 행위는 절대로 삼가야 한다.(가무 행위 시 경범죄 처벌법에 의거 행위자 전원 5만원의 범칙금을 부과한다) 승객은 승무사원이 운전하는 동안 대화를 시도하지 않는 것이 좋다. 질문은 운전에 방해가 될 뿐만 아니라 탑승객을 포함하여 도로 상황을 살피는 데도 좋지 않다.

13. 이 외에 지켜주면 고마운 것들

버스가 왔는데 요금이나 카드를 찾느라 가방을 뒤적거리고 있지 말자. 버스가 오기 전에 미리 돈과 카드를 준비하도록 하자. 승무사원과 뒷사람에 대한 예의이다.

만약 카드 대신 현금을 지불할 때는 거스름돈을 적게 줄 수 있게 금액이 작은 지폐로 맞춰서 주라. 또 한 번쯤은 깜박 카드나 요금을 챙기는 것을 잊고 공짜로 탈 수도 있지만, 그러한 호의를 여러 번 노려서는 안 된다.

모든 버스 승무사원이 도시의 거리를 속속들이 알지는 못한다. 길을 물어 보는 것은 좋지만 질문에 대한 답을 모른다고 화를 내지 말자.

운전을 못한다고 옆에서 훈수를 두지도 말자. 대부분의 승무사원이 당신보다 나은 운전 기술을 가지고 있을 것이다.

나이를 속여서 요금을 적게 내려는 일도 하지 말자. 특히 이미 다 큰 아이를 초등학생이라고 속여서 돈을 내면 다 안다.

비가 오거나 눈이 내리는 날에는 탑승 전에 가볍게 옷에 묻은 빗물이나 눈 등을 털고 타도록 하자. 나중에 탈 사람을 위해서도 쾌적한 공간을 마련해 주기 위해 하는 배려이다.

짐이 지나치게 많을 경우엔, '콜밴'을 사용하자. 콜밴은 일

이것이 진정한 서비스다

반 화물차가 아닌 6인승 밴으로 택시를 이용하기에는 짐이 많고 화물차를 이용하기에는 너무 적을 때 편리하다. 지나치게 짐을 많이 싣고 택시를 타다가는 내부가 손상될 수도 있고, 나중에 고치는 데 드는 돈은 승무사원이 지불해야 한다.

이 외에도 택시 승무사원의 고충은 여러 가지다. "승객이 갑자기 차를 세워 달라며 잠깐 기다리라고 하더니 떡볶이를 먹고 오더라", "차 안에서 뉴스를 듣고 있다가 급하게 손님을 태웠는데 왜 규정상 틀어야 하는 클래식이 아니냐며 욕을 하더라." 같은 황당한 사례도 있다. 이런 일부 진상고객들을 보면 택시 승무사원이 왜 무뚝뚝해지는지 알 것도 같다고 한다.

카카오 관계자는 "현재 운영되고 있는 별점주기 기능을 확대해 지속적으로 낮은 별점을 받은 승객에게 택시 이용시 불이익을 주는 방안에 대해 논의 중"이라며 "콜을 보내더라도 다른 승객에 비해 우선순위가 밀리게 하는 방법 등 다양한 방식이 고려되고 있다."고 한다. 즉 승객이 택시 승무사원을 평가하는 것처럼 승무사원도 승객을 평가할 수 있게 되는 것이다. 만약 실현화된다면 극단적인 진상승객들은 카카오 택시를 타기 어려워질지도 모른다.

용인시는 2018년도 9월경부터 하차 거부로 택시기사가 승객을 경찰서까지 인계하면 운임료와 영업손실비용도 미터기 요금을 기준으로 배상하도록 했다. 스스로 진상이 되지 말자!

만약 승무사원으로서 음주승객 또는 진상 승객을 응대하게 되었다면, 절대 같이 맞불을 놓아 대응하지 말자. 그럴 경우 민원이 들어갔을 때 승무사원에게만 불리해지는 경우가 종종 있기 때문이다. 인내하고 참고 억울하면 법적조치로 대응하는 것이 가장 현명한 방법이다. 대부분 승객의 무례한 태도에 화가 나서 언성을 높이거나 욕설을 주고받는 경우가 많은데, 이렇게 되면 불이익을 당할 수 있으므로 좋지 않다.

다음은 버스, 특히 전세버스 승객이 지켜야 할 기본 사항이다.

이것이 진정한 서비스다

우선 버스 탑승 시 반드시 안전띠를 착용한다. 안전띠의 올바른 착용법은 다음과 같다.

① 어깨끈이 머리에 닿지 않도록 조심한다.

② 등받이를 바로 세운다.

③ 허리벨트는 복부에 매지 말고 반드시 골반 뼈에 밀착시킨다.

④ 벨트가 꼬이지 않도록 주의한다.

⑤ 벨트 클럽 등은 느슨하게 하지 않는다.

⑥ 일인용 벨트는 두 사람이 하지 않는다.

안전띠를 착용하지 않았을 시 충격량은 어마어마하다. 60km/h로 주행 시 8층에서 추락, 100km/h로 주행 시 13층 추락, 120km/h로 주행 시 18층 추락의 타격이 가해진다. 따라서 운행 중 안전띠를 풀고 보행하거나 가무행위는 절대로 해선 안 된다. 가무 행위 시, 경범죄 처벌법에 의거 행위자 전원 5만 원의 범칙금을 부과하게 되어 있다. 마찬가지로 운행 중 승무사원에게 말을 거는 행위도 지양해야 한다. 승객 중 대표자를 지정하여 승객의 안전띠 착용여부를 확인하고, 승무사원의 행동 상태를 수시로 체크하여 적절한 조치를 취하고 차내 질서를 유지하는 역할을 하는 것도 좋다.

사고 발생 시 승객이 할 수 있는 행동요령도 알아두자.

(1) 차내 화재 발생시
• 진화 가능 시
- 소화기를 이용하여 발화지점을 향해 진화시도
- 진화자를 제외한 전 승객은 질서를 유지하며 신속한 하차
- 119센터로 신속한 사고 신고

• 진화 불가능 시
- 소화기를 이용하여 최대한 화재가 번지지 않도록 지연

이것이 진정한 서비스다

- 차내에 비치된(앞뒤좌우) 탈출망치 4개를 이용하여 유리창 파괴
- 질서를 유지하며 신속한 하차

(2) 전복/추락 시

- 개방된 모든 통로로 신속히 대피
- 부상자는 부상 상태를 고려하여 안전한 곳으로 이동
- 탈출구가 없을 경우 탈출 망치로 유리창 개방 후 탈출로 확보

(3) 응급환자 발생 시

- 119센터로 신속히 신고하여 현재 상태, 조치사항, 위치 등을 통보하고 구급대가 올 때까지 지시 받은 응급조치 실시

| 택시에 물건을 두고 내렸을 때 해결방법은?

택시연합회 사이트 메뉴 중 '택시고객지원센터 〉 유실물 센터' 부분을 참고한다.

(1) 결제 후 영수증을 받은 경우

영수증에 시간, 택시사업자 전화번호가 기입되어 있으니 확인할 수 있다.

(2) 카드(신용카드, 체크카드, 티머니카드)로 결제한 경우

1644-1188로 전화해서 카드번호를 입력 후 조회하면 결제택시 차량번호와 운전자의 연락처를 알 수 있다.

(3) 영수증이 없고 카드결제도 아닌 경우, 탑승 택시정보를 전혀 모르는 경우

대중교통 통합분실물센터와(서울시에서 운영. http://www.seoul.go.kr/v2007/find.html)

경찰청 유실물 종합안내(www.lost112.go.kr) 등을 이용한다.

| 장애인콜택시 이용고객 준수사항

서울시 장애인콜택시는 교통약자의 이동 편의를 돕기 위한 이동수단이다. 장애인콜택시를 이용할 때에는 원활한 콜서비스 제공을 위해 아래의 사항을 준수하도록 하자.

이것이 진정한 서비스다

1) 콜신청 시

- 상담원에게 성희롱, 욕설, 폭언 등을 하면 안 된다.

● **서울특별시 감정노동 종사자의 권리보호 등에 관한 조례 15조(금지행위)**

1. 폭언, 폭행, 무리하고 과도한 요구 등을 통한 괴롭힘

2. 성적 굴욕감 · 수치심을 일으키는 행위

3. 감정노동 종사자의 업무를 위계 또는 위력으로써 방해하는 행위

   ※ 위반 시 명예회손죄, 모욕죄, 업무방해죄 등으로 법적 조치를 취할 수 있다.

  콜 신청 후 탑승이 어려운 상황 발생 시, 다른 이용자들을 위하여 콜센터(1588-4388)로 연락하여 취소하도록 하자.

2) 배차 시

- 차량 배차 시 차량 출발안내, 차량 도착안내, 탑승 요청 등의 안내를 위하여 운전원(또는 상담원)이 통화 요청을 할 시 반드시 수신한다.
- 차량배차 후 10분 이내 전화연결이 되지 않으면 차량이

취소될 수 있다.

- 차량배차 후 취소 시에는 다른 고객을 위하여 10분 이내
  재접수가 어렵다.

3) 탑승 시

- 탑승 시 이용대상자 확인을 위하여 복지카드를 반드시
  소지한다.

  차량도착 후 10분 이내 승차하고, 10분이 지난 경우 다음
  고객을 위해 탑승이 취소되니 시간을 준수한다.

  안전을 위하여 승차 시에는 반드시 안전벨트를 착용한다.

  장애인콜택시의 휠체어 이용공간은 휠체어 이용 고객만
  탑승이 가능하며, 보호자 탑승 및 개인물품 적재는 안전
  사고 예방을 위하여 금하고 있다. 또한, 과도한 양의 짐을
  운반하거나 짐(휠체어 등)만 이동하는 것도 불가하다.

  탑승 시 장애인 보조 안내견 외 애완동물은 동반 탑승이
  어렵다.

  → 장애인 보조 안내견 : 하네스 착용 및 장애인 보조견
  표지(보건복지부 발급 증명서)가 있어야 함.

이것이 진정한 서비스다

4) 이동 시

- 차량탑승 후 목적지 이동 중 경유는 불가하다. 단, 부가
  적 업무 처리를 위한 부득이한 경우에 한해 10분 이내
  예외적으로 허용한다.

  예) 병원진료 후 병원 앞 약국 등

  바로콜의 경우 배차 전 목적지 변경은 가능하며 탑승 이
후 목적지 변경은 불가하다. 단, 목적지로 이동 중 목적이
상실된 경우(병원진료 연기 등)에 한해 1회 변경 가능하다.

  목적지 도착 후 목적 상실을 인지한 경우엔 재접수를 통
하여 차량을 배차받아야 한다.

  목적지 이동 중 보호자 하차는 불가하다.

5) 하차 시

- 하차 시에는 소지품을 다시 한번 확인하고 놓고 내리지
  않도록 주의한다.

  운전원에게 "수고하셨습니다." 한마디를 건네어 보람찬
  하루를 만들어 주자.

6) 기타

- 장애인콜택시는 교통약자 본인의 교통 이동수단이므로, 대상이 아닌 타인을 이동시키는 목적으로서 이용 행위는 금지하고 있다.

  첫차 운행은 7시부터 이므로 6~7시 사이 바로콜 신청 시 희망시간은 7시로 접수된다.

  다음의 경우는 탑승에 제한을 받을 수 있다.
- 복지카드 미소지 및 복지카드 제시를 거부하는 경우
- 이용요금 미납 시
- 의사소통이 불가할 정도로 만취하여 안전운행에 지장이 있는 경우
- 상담원 및 운전원에게 욕설이나 폭언·폭행을 하거나 위력을 행사하는 경우
- 상기 안내된 사항을 위반하는 경우

이것이 진정한 서비스다

선진국이 되어 갈수록 사회에서 요구하는 정신적 가치는 다양해진다.

그중 하나가 서비스 정신일 것이다. '이왕이면 다홍치마'라는 말이 있듯이, 훌륭한 서비스가 곁들여지면 모든 활동이 한 단계 위로 업그레이드된다.

과거 버스, 택시 승무사원에게 기대하는 것은 많지 않았으나, 많은 시민들이 훌륭한 서비스를 보여준 승무사원을 칭찬하는 글을 인터넷에 남기고, 반대로 불쾌한 일을 겪었을 때도 똑같이 민원 제기를 하고 있다.

바뀐 현실이 부담스럽다며 피할 수는 없는 법이다.

누이 좋고 매부 좋듯이 승객과 승무사원 모두가 윈윈할 수 있는 방법은, 먼저 승무사원이 이러한 현실을 받아들이고 적극적으로 스스로 자기개발을 하면서부터 시작될 수 있다.

전 장에 걸쳐서 살펴본 올바른 승무사원의 태도는 그렇게 어렵지 않았다.

친절한 미소, 정중한 태도가 기본이 된다면 그것만으로도 훌륭한 점수를 받았다.

하루를 시작하거나, 마무리할 때, 아니면 일과를 위해 분주하게 교통수단을 이용할 때 등, 사실 승객은 자신들의 일에 파묻혀 있다. 그 와중에 그들에게 미소를 짓게 해줄지, 찌푸린 이마의 주름을 만들어줄지는 승무사원 개개인의 소명의식에 달려있다.

다른 여느 직업들이 그렇듯이 승무사원의 소명은 성스러운 것이다.

하루하루 승객들을 안전하고 쾌적하게 목적지로 데려다주는 일에서 기쁨을 느끼고 충만함을 느낄 수 있는 길은 여러분의 손에 달렸다.

승무사원들은 운전 능력 외에도 안전 관련 지식을 완벽히 이해해야 하고 배려심, 책임감이 있어야 한다. 당신이 그렇게 되지 못할 것은 무언가?

도로 위의 천사가 되어 하루를 시작해 보자. 그리고 당신의 손과 발로 오늘도 희망을 전달해 보자.

더 나은 서비스 정신을 기대하며

| 권선복

도서출판 행복에너지 대표이사
열린사이버대학교 사회복지학과 특임교수

우리 사회에 '서비스 바람'이 분 것은 얼마 되지 않았습니다. 서비스는 선택이지 필수가 아니라고 여겨지던 시절이 길었다고 생각됩니다. 하지만 이제 서비스는 무형의 재화로서 사회 곳곳에 꼭 필요한 가치로 인정받고 있습니다. "이왕이면 다홍치마"라는 말이 어색하지 않듯이, "이왕이면 좋은 서비스를 받고 싶다"는 대중들의 요구가 커지고 있습니다.

서비스란 무엇일까요?

여러 가지 정의가 있겠지만 저는 "상대의 마음을 위해주고, 나의 품위를 지키면서, 사회에 행복에너지를 전파하는 일"이라고 말하고 싶습니다.

이것이 진정한 서비스다

혹시 서비스가 단지 "입에 침 묻히고 하는 이야기"라고 생각하시나요? "사랑합니다 고객님~"이라는 말에 "날 언제 봤다고 사랑한다는 거요."라고 퉁명스레 대답하시나요?

그런 생각이 들 수도 있겠습니다. 하지만, 상냥한 목소리와 깍듯한 태도를 계속 대하다 보면 어느새 마음이 풀어지지 않나요? 사소한 친절이지만 좀 더 대접받고 있다는 생각이 들고, 고민과 걱정이 많았던 삐걱거리는 마음에 잠시 윤활제를 바른 듯 기분이 좋아지기도 합니다.

버스를 타거나 택시를 탈 때, 사실 우리들은 어떤 거창한 서비스를 바라지 않습니다. 승무사원이 목적지에 도착할 때까지 운전이나 잘해주고, 면전에다 대놓고 욕을 하지 않는 이상 우리는 대체로 아무생각 없이 탑승하고 하차합니다.

하지만 한 번이라도 따뜻하고 예의 바른 인사를 마주하면, 그 신기한 경험에 어쩐지 마음이 몽글몽글해지고, "이 사람, 참 괜찮네." 하는 생각이 들게 됩니다.

작가가 이 책에서 꾸준히 이야기하는, "별것 아니지만 사소한 친절" 하나에 우리는 감명을 받는 것입니다.

운전이란 언뜻 쉬워 보입니다. 하지만 하루 종일 운전대를 잡고 일한다는 것은 결코 쉬운 일이 아닙니다. 정신적으로 지치기도 하고, 도로 상황에 따라 욕지거리가 나올 수도 있습니다.

하지만 이러한 상황에서도 침착하게 마음을 가다듬고, 승객을 위해 최고의 서비스와 안전운행을 보장하겠다고 마음먹는 승무사원에게는 가히 도를 닦는 경지에 이르는 것과 같은 숭고함이 있습니다.

"승무사원"이란 직책, 소위 말해 "운전기사"라는 단어에 모든 사람들이 존경의 의미를 담아 부르는 것은 아닙니다.

하지만 타인에 의한 진정한 존경은 먼저 자신이 스스로를 존경할 때 생겨나는 법입니다.

서비스 정신, 언뜻 승객들만을 위한 것으로 보이는 말이지만, 저는 그렇지 않다고 생각합니다.

예의바른 태도와 상냥한 말씨는 본인 스스로의 자아를 더욱 아름

이것이 진정한 서비스다

답게 가꾸도록 도와줍니다. 직업정신, 자부심이 상승되어 일하면서
도 신이 납니다.

"남을 위해서"가 아니라 "먼저 자신을 위해서" 좋은 승무사원이 되
어 봅시다.

직업에는 귀천이 없습니다. 무엇보다 '귀'와 '천'을 구분 짓는 것은
자기 자신입니다.

이 책을 통해 많은 승무사원들이 직업에 관해 자신감을 얻고, 프로
페셔널한 자세로 직무를 수행하여, 본인, 승객, 더 나아가 대한민국
전역에 행복한 바이러스를 팡팡팡!! 퍼트릴 수 있기를 진심으로 소망
합니다! 여러분의 아름다운 마음이 세상을 한층 더 살기 좋은 곳으로
만든다는 사실을 믿으시길 바랍니다. 여러분이 주인공입니다.